나는 오늘도 조연입니다

나는 조연입니다 오늘도

| 김순남 수필집 |

나무향

■ 책을 내며

작은 풀꽃처럼

여뀌꽃이 가득한 풀밭 한켠에 하얀색 작은 풀꽃이 피어 있었습니다. 너무 작아 눈에 잘 띄지 않는 그 꽃송이가 문득 제 마음을 붙잡았습니다. 화려한 색도 아니고, 향기 또한 그윽하지 않지만, 고개를 숙여 한참을 들여다보았습니다. 쓰러지지 않으려 애쓰며 가녀린 줄기를 곧추세워 꽃잎을 피워낸 그 모습이 오래도록 눈에 남았습니다.

그 작은 풀꽃을 바라보며 문득 나 자신을 떠올렸습니다. 화려하지도, 눈에 띄지도 않지만 묵묵히 제 자리를 지키며 살아온 시간들이 겹쳐졌습니다. 그렇게 피어난 한 송이의 풀꽃처럼, 저도 제 삶의 자리에서 조용히 피어나고 있었던 건 아닐까 생각해보았습니다.

그런 마음으로, 첫 수필집을 낸 지 사 년 만에 두 번째 수필집 《나는 오늘도 조연입니다》를 세상에 내놓게 되었습니다. 문예지에 발표했던 글과 신문에 실렸던 생활 수필을 모았습니다. 지나온 발걸음을 돌아보며, 삶의 길모퉁이에서 바라본 소소한 일상이 제 글의 소재이자 무대입니다. 삶의 여러 길목에서 맡아야 했던 역할들을 하나하나 해내다 보니, 어느새 '할머니'라는 아름다운 이름표를 선물 받았습니다. 감사한 마음으로 살아가고 있습니다.

  유년의 우물에는 길어 올려야 할 것이 참 많았던 것 같습니다. 내면의 물을 길어 올리다 보면 언젠가 제 우물에도 청량한 물이 고이기를 꿈꾸지만, 아직 그 꿈은 멀기만 합니다. 늦가을에 피는 풀꽃 한 송이처럼, 제 삶도 미미할 수 있습니다. 하지만 세상이라는 무대에서 조연이라도 맡을 수 있음에 감사한 마음입니다. 아주 작은 역할이라도 성실히, 정성을 다해 임하려 합니다. 그 역할이 제게는 무엇보다도 소중하기 때문입니다.

  이 책이 작은 풀꽃 한 송이처럼 누군가의 마음에 조용히 피어날 수 있기를 바랍니다. 바쁜 일상 속에서 잠시 멈추어 삶을 돌아보는 따뜻한 쉼표가 되었으면 하는 바람입니다. 부족한 글이지만, 읽어주시는 모든 분들께 감사의 마음을 전합니다.

2025년 늦가을
김순남

차 례

책을 내며 – 작은 풀꽃처럼   4

1부 안부를 묻다

잃어버린 마당	13
오래된 집	19
안부를 묻다	24
목화꽃	28
양미리, 그 이름	34
꽃 양말을 신은 날	39
윷놀이 한 판	42
도라지꽃	45
장 담그는 날	48
노각의 맛	54
감자꽃이 지면	57
아버지의 발	62

2부 나는 오늘도 조연입니다

나는 오늘도 조연입니다	69
창밖 세상 읽기	73
연하장의 추억	77
삼십육년 만의 해후	80
화려한 변신	85
사월의 꽃샘추위	88
빛나는 별이 되어라	91
어머니의 마늘밭	94
걸지 못한 달력	99
가을걷이	102
매듭달을 보내며	106
내 머리속의 지우개	110

3부 초록길에서 마주한 풍경

초록길에서 마주한 풍경	119
서리 내린 날	124
소풍	127
오리 쉼터	130
눈 내리는 날의 삽화	135
단오 무렵	138
의림지뜰 모심기	143
철 모르고 핀 꽃	147
버팀목이 되어주는 사람들	150
비채길	153
댑싸리 빗자루	156
감나무가 있던 자리	161

4부 그래도, 희망이 되었으면

그래도, 희망이 되었으면	169
거품	173
까치밥의 여운	178
겨울 억새	181
이사하는 풍경	186
인생 이야기	189
뒤끝 있는 여자	192
뜨개질	197
피다가 만 꽃	200
나를 성장시킨 스승들이여	203
꽃 심는 아이들	208
손국시 한 그릇이 제일이지	213

제1부

안부를 묻다

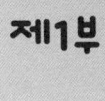

- 잃어버린 마당
- 오래된 집
- 안부를 묻다
- 목화꽃
- 양미리, 그 이름
- 꽃 양말을 신은 날
- 윷놀이 한 판
- 도라지꽃
- 장 담그는 날
- 노각의 맛
- 감자꽃이 지면
- 아버지의 발

잃어버린 마당

 발밑에 밟히는 흙이 보드랍다. 예전 우리 집 마당일 때와는 느껴지는 촉감이 사뭇 다르지만, 그런 것은 크게 문제가 되지 않는다. 마음속엔 어느새 잠자고 있던 수많은 날들이 소환되니 자늑자늑 밟아보면 되는 일이다. 오래전 조부모님과 부모님, 삼촌들과 우리 형제들이 한 지붕 밑에서 희로애락을 함께하던 그 터전이다.
 그 땅에 발을 딛고 마당이 품었던 수많은 풍경을 펼쳐본다. 동생들이 첫걸음마를 연습하며 아장아장 세상으로 발을 내딛던 곳, 봄날 어미닭의 품에서 갓 부화한 노란 햇병아리들이 어미 꽁무니를 따르던 양지바른 곳이다. 마당 축대 위엔 겨우내 아버지께서 켜다 나른 땔감이 가지런히 두 가리나 쌓여 있고, 마당 가장자리엔 거름더미가 있었다. 집에서 나오는 쓰레기는 대부분 이곳에 모아져 거름으로 발효되어 거듭났다.

　아직 추위도 물러나지 않은 겨울의 끝자락, 아버지는 새봄에 쓸 농기구들을 점검하셨다. 어느 날은 쟁기를 손질하고, 사시사철 필요한 지게도 단단하게 수리하셨다. 해토머리가 되면 봄기운도 마당에서부터 피어올랐다.

　두 마당은 쓰임새가 달랐다. 대문 안에 있는 안마당은 그야말로 식구들이 기거하는 방들과 마루, 창고, 소 외양간 등이 ㄷ자 형태로 마당을 가운데 두고 지어져 가족들의 생활공간이었다. 열 명이 훌쩍 넘는 대식구들이 마루에 옹기종기 앉아 식사할 때면, 마당을 사이에 두고 마주 보이는 외양간에 어미 소도 송아지를 데리고 여물을 먹는 모습을 볼 수 있었다.

　안마당에서 왼쪽 대문을 나가면 바로 바깥마당이다. 아주 오래전 그 마당에서 할머니와 어머니, 작은어머니, 고모까지 손을 보태어 베날기와 베매기를 하셨다. 삼베를 짜기 전 준비 작업으로 마당을 가로질러 길게 걸어놓은 실오라기들에 풀을 먹이고 매만지는 그 모습은 한 폭의 그림처럼 기억의 저편에 남아 있다.

　농작물을 수확하면 으레 마당을 거치기 마련이다. 여름날 잎담배를 따다가 어른들은 마당에 둘러앉아 건조창고에 매달아 말리기 위해 새끼줄에 담뱃잎을 엮었다. 담뱃잎에서는 끈적끈적한 진액이 나와 무더운 여름 작업하기가 녹록지 않아 보였다. 가족들은 서로 힘을 주며 웃음으로 무더위를 참고 힘든 일들을 해내셨다. 논밭에 나가 종일 일을 하고 짧은 여름밤 고단함에 떨어져 휴식을 취했다. 그런 밤이면 휘영청 밝은 달빛도 초승달, 그믐달과 번갈아 가며 그 마당을 찾아 노닐다 가곤 했다.

농촌에서 마당이라면 타작을 빼놓을 수 없는 일이다. 여름날 보리와 밀 바심할 때는 곡식 이삭에서 떨어진 까끄라기가 땀과 뒤섞여 고통이 따랐다. 가족들의 식량을 수확하는 일이라 어른들은 힘겨워도 기꺼이 흥겹게 해내셨다. 가을이면 마당에서 나락을 털고 수수, 들깨, 조 같은 잡곡도 타작하여 알곡을 거둬들였다. 기계라고 해봐야 수동 탈곡기가 고작이었다. 기계가 작동되도록 한 발로 계속 밟으며 손으로는 볏단을 돌아가는 기구에 넣어 낱알을 털어내는 일이다. 탈곡기로 털 수 없는 팥이나 콩, 들깨를 타작할 때는 도리깨질 소리가 마당 가득 울려 퍼졌다. 할머니와 어머니는 풍구질로 가려내지 못하는 알갱이들을 키질하여 알뜰히 거두셨다.

우리들의 성장 과정을 품고 있는 곳도 마당이었다. 때로는 놀이마당이 펼쳐지곤 했다. 고무줄 놀이판을 벌이고 구슬치기, 땅따먹기, 제기차기로 아이들은 왁자하게 놀다가 저녁연기와 함께 어둑해지면 흩어지곤 했다. 정월이면 널 틀이 마당에 차려져 젊은이들이 힘차게 널을 뛰었다. 구경꾼들은 주위를 빙 둘러서서 널판 위에 높이 오르는 힘찬 몸짓을 보며 같이 발에 힘을 주고 고개는 절로 올라갔다 내려오며 함께 널뛰기에 참여했다. 삼촌들과 고모, 우리 자매들은 그 마당에서 성장하여 넓은 세상으로 하나둘 고향을 떠났다.

때로는 성스러운 장소로 바뀌었다. 할아버지, 할머니의 회갑 잔칫날엔 마당에 축하객들이 북적였다. 작은고모가 시집가는 날도 어른, 아이 할 것 없이 마당에 모여 혼례식 구경에 흠뻑 빠졌다. 혼례식이 끝나면 고모가 집을 떠난다는 사실을 미처 알지 못하고 그저 신이 났었다. 손님들 상에 막걸릿잔이 걸쭉하게 돌고 떡이며 국수 그릇이 분주히 날라지는 사이 웃음소리가 마당에 꽃처럼 피어났다.

그 마당인들 어찌 좋은 일들만 있었으리. 앞산 뒷산이 붉어지던 가을날, 할머니는 날마다 닭들에게 모이를 주고 채소를 다듬고 농작물을 매만지던 곳, 자손들이 객지에서 본가를 찾을 때 마중하고 배웅하던 그 마당에서 꽃상여에 오르셨다. 상여꾼들의 발길을 붙잡는 자손들의 애달픈 곡哭 소리를 뒤로하고 몇 차례 주저하다 마당을 떠나 먼 하늘로 떠나셨다. 그날 이후 마당은 할 일을 잊은 듯 고요했다. 긴 빨랫줄에 가족들의 옷가지만 바람에 펄럭였고, 그 바람 속엔 할머니의 손길이 아직도 남아 있는 듯했다.

아버지는 새봄이 오면 마당 귀퉁이에 다독여뒀던 거름을 밭으로 나르셨다. 여름이면 붉은 고추가 마당 가득 멍석 위에서 햇빛을 받으며 더 붉어졌다. 수확의 계절이 되면 논과 밭에서 추수한 곡식이 마당을 거쳐 창고 방으로 들어갔다. 밤사이 눈이 소복이 내린 날, 그루잠에서 깨어 나가보면 어느새 아버지는 아침 일찍 숫눈길을 나가 말끔하게 눈을 쓸어내시어 마당엔 싸리비 자국만 선명했다.

그 해는 늦장마가 왔다. 며칠 내내 비가 그치지 않고 하늘이 뚫렸었다. 강물은 범람하여 집 앞 고추밭을 지나더니 마당을 넘실거리다 결국은 집을 앗아갔다. 두 번의 수해로 부모님은 고향을 떠나 도회지로 식솔을 이끄셨다. 늦둥이로 얻은 아들 뒷바라지를 위해서라 하셨지만, 삶의 터전을 두 번이나 물이 잠기는 아픔을 겪었으니 그 마음이 얼마나 참담하셨을까.

이제 집터도 흔적이 없다. 감나무라도 남아 있으면 좀 더 가늠하기 쉬울 터인데, 그저 큰 밭 안쪽 산 밑 여기쯤이 집터이고 바로 옆이 마당이라는 것을 가늠할 뿐, 지금은 농작물을 생산하는 밭이 되었다. 그랬다. 마당은 우리 모두를 성장시켜 떠나보내고, 지금도 해마다 농작물을 길러내고 있었다.

그 땅이 밭이면 어떻고 마당이면 무엇이 다르랴. 이름만 다를 뿐, 언제나 할 일을 묵묵히 해내며 지금도 그 자리에 있으니 그걸로 위안 삼는다. 발밑의 흙은 여전히 보드랍고, 그 속엔 할머니의 손길, 아버지의 땀, 아이들의 웃음소리가 스며 있다.

마당은 사라진 것이 아니라, 다른 이름으로 살아남았다. 내 삶의 무대였던 마당은 기억의 문을 열어주는 열쇠이자, 내가 어디서 왔는지를 잊지 않게 해주는 뿌리다. 이름이 바뀌어도, 자리를 지키며 묵묵히 삶을 이어가는 그 흙 위에서, 나는 다시 나아갈 힘을 얻는다.

오래된 집

 텅 비었다. 삼 년 전, 그 집은 사라지고 터만 남았다. 시어머니가 계신 마을에 갈 때면 가끔 그 집터를 지나게 된다. 마지막으로 집이 허물어지던 장면을 우연히 마주친 탓일까. 발길이 그곳을 무심히 지나치지 못한다. 희미한 기억을 더듬는다.
 자그마한 방 세 칸, 마루와 아궁이 딸린 부엌이 있는 평범한 시골집이었다. 돌담이 터를 경계 짓고 있었지만, 대문은 없었던 듯하다. 마당 가엔 앵두나무와 살구나무가 한 그루씩 있어 봄이면 살구꽃이 골목을 환하게 밝혔고, 초여름이면 붉은 앵두가 주렁주렁 탐스럽게 익어가던 집이었다.
 언제부터인가 그 집엔 사람이 보이지 않았다. 집은 빈 듯했지만 마당엔 마늘, 파, 배추 같은 채소가 자라고 있었다. 누군가 가끔 드나들며 집을 돌아보고 야채를 심어 가꾸는 듯했다.

참 이상하다. 시댁이 있어 사십 년이나 드나들었는데도, 그 집에 살던 이가 누구였는지 기억이 없다. 오 십여 호 남짓한 마을에 웬만한 집 아들 딸 들은 남편이나 시누이들과 나이가 비슷해 자주 입에 오르내려 사람을 보지 않아도 조금씩은 알고 있다. 유독 그 집에 살던 집주인 아들딸들은 기억이 없지 않은가. 그런데도 그 터가 마음 한 자락에 남아 있는 연유는 아마도 어린 시절 살던 집이 지금은 남아 있지 않아 상실감이 있던 터이리라. 허물어지는 집을 보는 마음이 편치 않았던 것도 이유였을 것이다.

그 집이 형체를 잃어가던 그날 모습이 생생하다. 밭에 오가며 그 장면을 보게 되었다. 포클레인이 시끄러운 기계음을 내며 집을 허물고 있는데 담장 밖에는 지켜보는 이들이 제법 많았다. 할아버지들, 노인용 보조차를 앞세우고 나온 할머니들도 그저 묵묵히 집의 소멸을 바라보고 있었다. 보조차에 딸린 의자에 앉아 구경하다 싫증이 나면 동네 한 바퀴 돌고 다시 그 집 앞에 와서 사라져가는 집 한 채의 마지막 길을 배웅하고 있었다.

그들은 그 집의 내력을 소상히 알고 있을 터이다. 자식들이 몇 남매인지 어떻게 살았는지까지도. 앞뒤 집에서 또래의 자식을 낳아 기르며 때로는 불편한 심기로 얼굴을 붉히기도 하고 때로는 색다른 음식이 돌담을 넘나들며 정을 나누었으리라. 볼품없고 낡은 집이라도 그 집에 살던 사람들에게는 의미가 크지 않던가. 몇 대가 그 집에서 대물림하며 살았는지 몰라도 자손을 잇고 식솔들을 거느리며 살아온 집이다. 켜켜이 쌓인 부엌 벽의 그을음만큼 웃고 울던 날들을 집은 보듬고 있을 것 같았다. 장성한 자식들은 꿈을 찾아 도시로 떠나가고 집을 지키며 살던 노부부는 앞서거니 뒤서거니 모든 것을 내려놓고 세상을 떠났을 것이다. 그 터에서 나고 자랐다는 초로初老의 집주인이 덤덤히 작업을 진두지휘하지만, 마음속엔 아마도 수많은 추억과 상념들이 스치리라.

 우리 형제들도 고향은 있으나 살던 집은 없어진 지 오래되었다. 가끔 고향에 가면 차를 타고 지나가더라도 집이 있던 곳에 눈길이 머문다. 우리 집터는 사래 긴 밭과 합쳐져 경계가 없다. 동구 밖 유유히 흐르는 강물, 마을을 내려다보는 소백산, 가까운 문필봉도 그대로 거기에 있다. 수십 년 세월에 강산이 변하긴 했다. 배를 타고 건너던 강 위에 높은 다리가 놓여 순식간에 강을 건널 수 있으니 말이다. 마을 앞엔 길이 넓어지고 포장이 되어 먼지 나던 신작로는 기억의 저편에만 남았다. 이젠 부모님도 안 계시고 유년의 집도 없어졌으니 세상 절반을 잃어버린 듯 허전하다.

이 마을도 젊음이 넘쳐나던 시절이 있었다. 결혼하고 시댁에 신혼살림을 잠시 풀었던 때였다. 그때만 해도 좁은 골목마다 사람들 목소리가 우렁찼다. 아침이면 중·고등학교가 있는 읍내로 나가는 버스가 콩나물시루처럼 한가득 학생들을 실어 날랐다. 명절 끝에는 공터에 모여 배구나 족구를 하며 친목을 다지느라 마을이 들썩들썩했다. 여름이면 집집마다 외지에 있는 자식들이 물 좋고 산 좋은 고향으로 휴가차 모여들었다. 들뜬 어른들 입에서 피어오른 자식들 자랑이 호박넝쿨처럼 담장을 넘나들었다. 새로운 소식이 집집으로 퍼져 가는데 반나절이면 한 바퀴 돌고도 남았다.

세월은 혼자 흘러가지 않았다. 마을의 집들도 세월만큼 낡아가고 마을의 터줏대감들이 하나둘 세상을 떠났다. 남아 있는 사람들도 평생 그렇게 살았듯이 있는 힘을 다해 농사를 지어 자식들 나눠주는 재미로 남은 기운마저 다 쏟고 있다. 이제 허리 아프고 무릎엔 인공관절 하나씩은 넣고 다니는 신세다. 스스로 한 몸 건사하기도 힘겨운 어르신들이 대부분 오래된 집을 지키고 있다.

오래된 집에 작정하고 달려든 쇳덩이에 집은 속수무책 맥없이 무너졌다. 트럭이 몇 차례 부서진 건축자재들을 실어내고 흙을 실어다 넣고 평평하게 골랐다. 집터는 본디부터 그랬던 것처럼 돌담을 울타리 삼아 밭으로 변했다. 허물어지는 집을 하염없이 바라보던 구경꾼들도 쓴 입맛을 다시며 바쁠 것 없이 휘적휘적 발걸음을 옮겨 각자의 집으로 돌아갔다. 허물어지는 집을 보며 스스로 자신들의 모습이라 여기지 않았을까 싶어 하릴없이 골목에 서서 어르신들의 쓸쓸한 뒷모습을 바라보았던 날이다.

　마을엔 새로운 집들이 하나둘 생겨났다. 몇 해 사이 마을을 조금 벗어난 한적한 곳에 집이 몇 채 지어지고 마을 가운데도 새집이 들어앉았다. 고향을 떠났던 '베이비부머 세대'라 불리는 이들이 은퇴 후 노후를 보내기 위해 전원주택을 짓고 귀촌했다. 도시에 살면서 농막 하나 놓고 주말 동안 촌에 머무르는 생활을 하는 이들도 있다. 오래된 집과 새로운 집이 어색한 듯하다가 익숙해지듯 사람들도 적당히 간격을 두고 같은 마을 사람으로 살아가고 있다.

　오래된 집이 허물어진 그 터에도 머지않아 아담한 집 한 채 들어서고 사람들의 발길이 머물길 바라본다.

안부를 묻다

전화벨이 울렸다. 그녀는 목소리가 듣고 싶어서 전화했다고 했다. 오래전 같은 문하생으로 잠깐 함께했던 사이지만, 십수 년이 지난 지금도 가끔 먼저 전화를 걸어 안부를 물어주는 사람이다. 이삼 년에 한 번 만날까 말까 하지만, 얼굴을 자주 못 봐도 전화로 수다를 풀어놓고 서로의 소소한 일상을 나눈다. 그녀와의 통화는 늘 따뜻하다. 시간이 흘러도, 마음이 닿는 거리엔 변함이 없다.

흔히 하는 인사말이 있다. 명절에는 '명절 잘 보내세요.' '명절은 잘 쇠셨어요?'라는 인사를 했다. 예전에 어른들이 하는 인사말에는 '식사는 하셨어요?' '밤새 별일 없으세요?' 등등 자주 만나는 사람들 간에도 때에 따라 적절한 인사말을 하곤 했다. 이러한 인사나 안부를 물어온 연유는 아마도 잠깐 사이에 편안하지 못한 일들이 빈번하게 일어났기 때문이리라.

추석에 내려온 며느리에게 사돈댁의 안부를 물었다. 예전에 할아버지께서는 외갓집 다녀오려고 인사 올리는 어머니에게 "가거든 사돈께 안부를 전하거라"라고 말씀하셨다. 일 년에 두어 번 친정에 오시는 고모들이 절을 올리고 나면 으레 그 집 어른들의 안부를 먼저 물으셨다. 고모도 "예, 아버지. 시어른들께서 안부를 전하셨습니다." 그렇게 안부를 주고받던 모습이 떠오른다. 맏딸인 내가 결혼하고 친정에 갔을 때도 아버지 어머니는 할아버지가 하시듯 그렇게 시댁의 안부를 묻곤 하셨다. 그렇게 안부를 주고받는 일은 단순한 인사 이상의 의미였다. 서로의 삶을 존중하고, 마음을 잇는 조용한 다리였다.

요즘 특별한 날이면 손전화로 안부 메시지가 속속 날아든다. 명절의 이미지를 담은 다채로운 영상 카드나 이모티콘으로 덕담을 주고받는 문구가 풍성하다. 명절 준비로 바쁘게 지내느라 미처 읽어내지 못한 메시지들이 빨간 등불을 켜고 봐 주기를 기다린다. 멀리 미국 땅에 살고 있는 막내 시누이도 명절엔 영상통화로나마 가족들과 소통한다.

때로는 얼굴을 마주해야 나눌 이야기도 있다. 혼기에 찬 자녀들이 결혼하겠다는 소식이 없을 때 부모들은 명절을 더욱 기다린다. 아들 딸을 만나면 결혼에 대한 생각을 하고 있는지 슬쩍 떠보고 은근히 소개팅이라도 권해 봐야겠다고 벼르며 자식을 기다린다. 부모는 두말할 것 없이 짝을 만났다는 소식을 가장 기대할 터이다. 에둘러 이런저런 자식에 대한 소식을 묻고 근황을 살피지만 기대하는 대답을 듣지 못하면 전화로 하지 못한 이야기를 눈치껏 꺼내기도 한다.

명절을 앞두고 이런저런 일들로 짬이 없었다. 친구가 연락이 뜸해도 명절준비로 바쁘겠거니 여기고 평상시처럼 잘 지내리라 생각했다. 아무래도 감감 무소식인 친구가 석연치 않아 추석날 오후 전화를 해봤다. 아뿔싸. 그사이 친구는 갑작스레 동생을 하늘로 보냈다고 했다. 아직 몸과 마음을 추스르지 못하고 힘들어하는 친구를 보며, 왜 진작 전화 한 통 넣지 못했는지 미안했다.

거리두기로 많은 것이 변해가고 있다. 오랫동안 매월 만나서 밥을 먹으며 담소를 나누던 지인들도 이 년 가까이 만나지 못했다. 꼭 연락하고 알려야 할 큰일이 아니면 세세하게 소통을 못하고 지낸다. 그러다 보니 지인들의 소소한 슬픔이나 어려움을 나누지 못한 채 지나가게 된다.

휴대폰에 저장된 이름들을 하나하나 떠올려 본다. 계절도 바뀌고 명절도 지났으니 전화로라도 안부를 전해야겠다. 오늘, 나의 평안을 전할 수 있어 다행이다. 모두의 안녕을 기원하는 마음으로 휴대폰을 들었다.

목화꽃

목화솜이다. 얼마 전 모임에 다녀오다 낯모르는 할아버지로부터 목화 한 줌을 받았다. "심을 곳이 없으면 화분에 심어도 됩니다. 꽃도 예쁘고 나중에 목화송이가 하얗게 피어 꽃처럼 아름다워요." 그분은 꼭 심으라며 신신당부했다. 아기 손바닥만 한 솜을 만져 보니 보들보들한 솜 사이로 딱딱한 씨앗이 만져졌다.

시댁 형제자매들이 오랜만에 어머니 집에 모였다. 음식 냄새, 술잔 부딪는 소리, 웃음소리가 뒤섞여 어머니 혼자 계시던 집에 삶의 소리가 왁자하게 피어났다. 화단 손질, 뒤란 장독대 항아리들도 깨끗이 닦고 집안 곳곳을 청소하느라 모두 바쁘게 움직였다. 시누이들은 오랫동안 사용하지 않은 이불을 분리수거 비닐에 담아 밖으로 내놓았다. 시누이들과 집을 청소하고 이불이나 옷가지를 정리하며 연휴를 보내고 각자 집으로 돌아갔다.

이틀 후, 어머니에게서 전화가 왔다. 울먹이는 음성으로 "내가 아직 이렇게 살아 있는데 이불을 허락도 없이 버렸구나." 화가 많이 나신 목소리였다. 시누이들이 장롱 정리할 때 나는 주방에 있었기에 어머니와 합의된 일인 줄 알았다. 어머니는 거실에 계셨지만, 이불을 그렇게 없애는 줄은 몰랐다고 하셨다. "그중 솜이불 하나가 가장 아깝다."라며 분을 삭이지 못하셨다. 며느리로 산 지 사십여 년이 되었다. 서로를 배려하고 감정을 확 풀어헤치지 않으려 노력하며 긴 세월을 살았던 것 같다. 속상한 마음을 며느리에게 먼저 털어놓으신 연유도 딸들은 더 임의롭다 보니 분명 거친 말을 쏟아내게 될 것임을 아셨던 것 같다. 딸들과 서로 마음에 생채기를 내지 않을까 걱정이 되어 우선 며느리인 내가 먼저 들어달라는 뜻이었을 게다.

물건을 아끼는 데 둘째가라면 서러울 분이 어머니시다. 평생 어려운 시절을 건너온 어머니는 쉽게 물건을 없애지 못하신다. 솜이불을 덮고 주무시는 걸 근래에 보지 못했기에 자식들은 이불에 대한 어머니 마음을 헤아리지 못했다. 시누이들은 이불뿐만 아니라 시어머니의 손때 묻은 낡은 물건들을 버리려 하고, 어머니는 무엇이든 버리면 안 된다고 주장하신다. 나는 그 신경전에 끼어들지 않는다. 어쩌면 나 또한 물건을 쉽게 버리지 못하다 보니 때로는 어머니의 마음이 헤아려지기도 하거니와 사십 년이 되었지만, 선뜻 나서서 시어머니의 뜻을 거스르고 싶지 않기 때문이다. 어머니는 이번에 딸들이 버린 솜이불에 대한 아쉬움에 화를 좀체 풀지 않으셨다.

유년 시절 목화는 몇 년에 한 번씩 볼 수 있는 작물이었다. 농사를 많이 짓는 친정집이지만 해마다 목화를 심지는 않았다. 고모나 삼촌들 혼기가 되었을 즈음이나 가족들의 이불솜이 필요할 때면 목화를 심었던 것 같다. 엄마는 한복만 입으시는 할아버지께 겨울이면 솜을 넣어 누비 한복을 지어 드렸다. 그 시절 시골집은 외풍이 심하여 솜이불이 아니면 겨울을 버틸 수 없을 만큼 추위가 매서웠다. 식구들이 많은 집이다 보니 목화솜도 많이 필요했을 것이다.

결혼을 생각지도 않던 이십 대 초반 고향집에 내려갔는데 엄마와 할머니는 겨울의 문턱인데 밭에서 목화를 따고 계셨다. 엄마는 언제가 될지도 모르는 삼촌과 나의 혼수 이불솜을 장만하느라 미리 목화를 심으셨단다. 목화솜을 수확하는 데 손길이 수없이 많이 갔다. 목화 다래가 여물어 솜으로 확 피어나는 순서가 천차만별이기 때문이다. 어머니와 할머니는 가을에 따두었던 목화를 그 겨울 내내 햇볕이 따스한 날 마루에 자리를 펴고 솜을 손질하셨다. 목화에 묻어 있는 티끌을 하나하나 정성스레 골라내고 햇볕에 말린 다음 '씨앗기'를 사용하여 씨를 분리해 내야 비로소 솜으로 쓸 수 있다.

목화솜을 장만하고 이듬해 삼촌의 혼사가 이루어졌다. 대부분 신부가 이불을 준비해 시집을 오는데 엄마는 신랑도 이불 한 채쯤은 장만하는 게 좋다는 지론을 펼치며 아들 같은 시동생의 신혼을 축복하며 이불을 만드셨다. 두툼한 이불 한 채가 삼촌의 보금자리를 언제나 훈훈하게 해주길 바라는 마음을 담았을 게다. 삼촌이 장가들고 삼 년 후 엄마는 나의 혼수 이불에 솜을 펴시며 흡족해하셨다. 셋방살이하던 시절 쇠구들같이 추운 방에 살 때도 솜이불이 온기를 주어 따뜻한 잠자리에 들 수 있었다. 그러나 엄마가 해주신 따뜻한 솜이불 두 채는 아파트로 이사를 하고부터 할 일을 잊은 채 우리 집 장롱을 차지하고 있었다.

시어머니가 아깝다고 하신 이불도 사실은 큰시누이의 결혼 이불이었다. 장롱에 넣어두고 덮지 않던 이불이지만 칠남매 자식들이 모일 때, 혹여 날씨가 춥거나 이불이 부족하게 되면 그 이불을 덮고 따듯한 잠자리에 들길 내심 바라셨을 것이다.

목화 꽃말이 '어머니의 사랑'이라 한다. 담숙한 솜이 씨앗을 겹겹이 둘러싸고 보듬듯이 시어머니와 친정엄마도 자식에게 포근하고 따뜻한 잠자리를 만들어주고자 하는 마음은 같았을 것이다.

오랜 시간 잠들어 있던 이불솜을 틀어 어머니의 이불을 만들어 드리기로 했다. 친정엄마의 정성이 들어간 이불을 몇 번이나 없애려다 지금껏 보관한 것이 이리도 잘한 일이 될 줄은 몰랐다. 이불을 오랜 잠에서 깨우려면 '솜틀집'을 찾아 나서야 했다. 대부분 솜틀집이 없어져 타 지역에 보내 솜을 틀어와야 했다. 다행히 무겁지 않게 따뜻한 이불을 만들어 어머니께 드렸다. 시어머니 노여움도 조금은 풀어지신 듯했다. 장롱만 지키던 이불이 이제야 할 일을 찾은 셈이다. 세월만큼 눌려 있던 솜이 새로 부풀듯이 솜이불을 덮고 어머니의 마음도 목화솜처럼 몽글몽글 피어나실 것 같다.

목화 싹이 올라왔다. 보드라운 솜이 여러 겹 둘러싸고 있어 벗기고 벗겨도 솜털은 완전히 분리되지 않았던 씨앗이다. 힘없고 보드라운 솜털이 그리도 온전히 씨앗을 보호하고 있음이 경이로웠다. 씨앗을 보듬고 있는 솜은 우리의 어머니들과 닮았다. 씨앗 여섯 알을 심었는데 겨우 두 알만이 발아하여 흙을 뚫고 싹을 내밀었다. 가을엔 하얀 목화솜을 꽃처럼 피우리라. 어머니도 올겨울엔 새로 만든 솜이불을 덮고 따뜻하게 보내시길 바라본다.

양미리, 그 이름

주말에 비가 오고 기온이 뚝 떨어진다는 일기예보가 있었다. 텔레비전 뉴스에서는 동해안에서 양미리가 대풍을 맞았다는 소식을 전했다. 화면 속 어부들은 그물에 가득한 생선을 털어내며 분주하고, 어려운 시기에 고기가 많이 잡혀 모처럼 어부들 얼굴에도 힘찬 기운이 엿보였다. 보는 사람의 마음까지 넉넉해지는 풍경이었다.

겨울로 향하는 계절, 주부에게 겨울 준비라면 단연 김장이 가장 큰 숙제다. 김장 준비를 위해 재래시장에 갔다. 시장엔 사람들로 북적이고, 김치 재료를 사고파느라 활기가 넘쳤다. 생선가게엔 굴과 생새우가 인기를 끌고, 사계절 자리를 지키던 고등어, 조기, 이면수, 오징어가 얌전히 진열되어 있었다. 그 옆엔 계절을 알리듯 동태와 노란 비닐 끈에 엮인 양미리가 수북이 쌓여 있었다.

　양미리나 동태는 겨울철에 서민들의 밥상에 부담 없이 올릴 수 있는 생선이다. 찬 바람이 불어오는 한겨울에 무를 썰어 넣고 두부도 듬성듬성 넣어 끓인 동태찌개는 속부터 후끈 데워준다. 통통하게 알이 든 양미리를 손질하여 갖은양념을 넣어 자작자작 졸이면 그야말로 별미다. 먹고 남은 조림은 다음 날 두 번 세 번 데우면 맛은 더 깊어진다. 어린 시절 겨울이 되면 바다가 없는 내륙지역 산촌에서도 오일장이 서면 가끔 맛볼 수 있는 생선이 양미리였다.

　오래전부터 알고 있던 물고기 이름에 의견이 분분하다. 동해에서 많이 잡히고 양미리라 불리며 우리에게 친숙한 이 생선이 서해에서 서식하는 까나리와 같은 종류의 물고기라 한다. 우리가 알고 있는 까나리는 몸통이 더 가늘고 작으며 서해안에서 많이 잡히는데 주로 젓갈을 담근다고 알려져 있다. 동해 인근에서 많이 잡히는, 살이 통통하며 어렸을 때부터 맛보아 왔던 양미리가 까나리라는 사실에 좀 의아해진다. 원래 양미리는 어류도감에 큰가시고기목 양미리라 표기되어 있다. 우리가 즐겨 먹는 양미리보다 몸체가 가늘고 작다.

　사실, 양미리라는 이름도 결혼 후 알았다. 처음에는 사람

이름처럼 느껴졌다. 생선이나 나물도 지역마다 불리는 이름이 조금씩 다르다 보니. '도시에서는 생선 이름도 폼나게 부르는구나.' 싶었다. 왜냐하면 어릴 때 우리 마을 어른들은 '호매이 고기'라고 불렀기 때문이다. 스무 마리 한 두름씩 볏짚으로 엮어 장사꾼들이 편리하게 가지고 다녔다. 동해에서 산 넘고 강을 건너 충청도 산촌까지 전해져 우리의 밥상에 올랐다. 냉장고가 없던 시절이라 짚으로 엮어 처마 밑 벽이나 부엌 기둥에 걸어두면 등허리가 푹 꺾여서 추운 날씨에 꽁꽁 얼어버렸다. 얼어붙은 생선 모습이 마치 호미를 닮아 붙여진 이름이 '호매이 고기'이다. '호매이'는 경상도나 강원도 방언으로 '호미'를 뜻한다.

  발 없는 말이 천 리를 간다고 하지 않던가. 높은 산을 넘고 강을 건너 전해지는 지역 말도 그렇다. 내가 나고 자란 곳이 충북의 최북단, 경북과 강원도가 접경한 지역이다. 영주, 풍기 상인들이 죽령재를 넘어 단양장에 어물전을 펼치고 영월, 평창 등 강원 남부 지역 장사꾼들이 재를 넘고 강을 건너 제천, 영춘, 단양장터를 오갔다. 장터에서 물건만 거래되는 것은 아니다. 장사꾼들의 입담에서 사투리도 뒤섞여 입에서 입으로 '호매이 고기'라는 방언이 전해진 듯하다.

결혼 초 시댁에 살 때이다. 시어머니는 장날이면 양미리를 자주 사 오셨다. 여러 식구가 먹기에 고등어, 동태, 양미리가 값도 만만하니 손쉬웠으리라. "호매이 고기는 부엌 기둥에 걸어 둬라" 이르셨는데 하루 이틀 지나다 보면 뭐든 굽기를 좋아하는 시누이는 양미리를 그냥 두지 않았다. 한두 마리 연탄불에 구우면 그 고소한 냄새는 온 집안에 퍼지고 동네 고양이들도 담장 밑으로 기웃거렸다. 잘 익은 생선을 나눠 먹으면 그 맛은 말로 표현할 수 없을 만큼 미각을 자극했다.

　양미리에 대한 추억은 냄새로 각인되어 있다. 언젠가 오래된 주택가 골목을 지날 때 어디선가 친숙한 냄새가 코를 자극했다. 눈으로 확인하지 않아도 양미리를 숯불이나 연탄불에 굽고 있음을 알 수 있었다. 아니나 다를까. 골목 모퉁이 조그만 슈퍼 앞 화덕 위에서 노릇노릇 익어가는 양미리를 볼 수 있었다. 동네 터줏대감인 늙수그레한 어른들 서넛이 막걸릿잔을 돌리며 양미리를 굽고 있었다. 그들은 술잔을 기울이며 각다분한 삶의 애환을 막걸릿잔에 담아 서로 위로하는 듯 보였다. 잘 익은 생선구이를 나누어 먹으며 가슴을 덥히고 굽이굽이 살아온 이야기들을 안주 삼아 한 자락씩 펼쳤을 것이다. 마무리는 각자 손주들의 자랑으로 모났던 마음들이 둥글게 다듬어져 푼푼한 마음으로 집으로 돌아갔으리라.

 이름이 어떻든 우리는 그 생선을 추운 계절이면 즐겨 찾고 맛으로 기억한다.

 엊그제 베란다 밖으로 걸어놓은 양미리 한 두름이 햇빛과 바람에 꾸덕꾸덕해졌다. 손질하여 양념장을 얹어 은근하게 졸이면, 오늘 저녁 식탁에 동해 푸른 바다가 가득 펼쳐질 것이다.

꽃 양말을 신은 날

꽃이 피어나듯, 내 발끝에도 봄이 스며들었다. 날씨가 풀리자, 장롱 속 깊이 아껴두었던 꽃무늬 양말을 꺼내 신었다. 몇 해 전, 명절에 올 가족들을 위해 준비해두었던 양말들 사이에 유난히 마음에 들었던 한 켤레, 그 양말은 오랫동안 기다리다 오늘에서야 햇빛을 보았다.

늦가을 어느 날, B 선배가 모임 장소로 오는 길에 건넨 선물이었다. 서너 송이 큰 꽃이 피어 있는 그 양말은 색감도 곱고 질감도 좋아 신기조차 아까울 만큼 마음에 들었다. 그 양말을 신고 거울 앞에 서니 발끝에서부터 봄이 피어나는 듯했다.

어린 시절, 설을 앞두고 장에 다녀오신 할머니가 나일론 양말을 사 오셨다. 장터까지 이십여 리를 왕복하신 할머니의 선물은 우리를 뛸 듯이 기쁘게 만들었다. 막내 삼촌과 나는 양말을 들고 뛰어놀다 방에 들여놓은 화로에 그만, 양말짝을 빠트리고 말았다. 한순간 양말에 불이 붙어 버리자, 삼촌은 타는 양말을 집어 들고 흔들었다. 그 바람에 나일론 녹은 물이 내 얼굴에 튀어 그만 상처를 입게 되었다.

그 시절, 새 양말은 귀했다. 초등학교 교실에서 난로 옆에 옹기종기 모여 발을 녹이던 아이들 사이에서 양말은 추위를 견디는 작은 갑옷이었다. 난로에 스친 발끝에서 양말이 녹아내리던 기억, 구멍 난 양말을 꿰매며 겨울을 버티던 날들. 갈아신을 양말이 없어 빨랫줄에 얼어붙은 양말을 가마솥 뚜껑에 올려 말리던 할머니의 손길은 지금도 따뜻하게 남아 있다.

밤이면 어머니와 할머니는 호롱불 아래서 졸음을 견디며 가족들의 양말을 꿰매셨다. 전기가 들어오고 "대낮같이 밝아서 좋다." 하시던 그 말 속에는, 어두운 시간을 견뎌온 어머니들의 삶이 담겨 있었다. 양말을 깁는 일 외에도 손길을 기다리는 일들은 늘 차고 넘쳤다.

양말은 '양洋'과 '말襪'이 합쳐진 이름처럼, 서양에서 들어온 작은 물건이지만 그 속엔 가족의 온기와 삶의 흔적이 담겨 있다. 고대에는 가죽으로 발을 감쌌고, 지금은 스포츠 양말부터 수면양말, 패션 양말까지 수많은 형태로 발전했다. 하지만 그 본질은 변하지 않았다. 발을 보호하고, 따뜻하게 감싸주는 것이다.

어머니는 명절이면 빠듯한 살림에도 가족들의 양말 한 켤레씩은 빠짐없이 준비하셨다. 설빔은 없어도, 우리 자매들이나 삼촌들도 누구 하나 불평하지 않았다. 새양말 하나로도 충분히 기뻤다. 세월이 흘러도 그 따뜻함이 생각나서 나도 명절이면 우리 집에 모이는 가족들을 위해 양말을 준비한다.

코로나가 심하던 몇 년 전에 시동생네 식구들이 명절에 오지 못해 준비했던 양말이 장롱에서 긴 시간 묶여 있었다. 선배가 건네준 양말도 같이 들어 있다가 오늘 장롱 밖으로 나왔다.

새 양말을 신으니 봄과 함께 좋은 일들이 꽃처럼 피어날 듯하다. 이 봄, 꽃 양말을 신었으니 내 앞에 펼쳐지는 길을 불평하지 않고 꽃길로 여기며 걸어가야겠다. 꽃이 핀 길을 걸으며 그 따뜻한 시간 속으로 조심스레 발을 내딛는다.

윷놀이 한 판

올 추석은 오랜만에 집안이 북적였다. 코로나19로 몇 해 동안 명절에 얼굴조차 보기 어려웠던 시동생네 가족이 이번엔 모두 모였다. 동서네 네 식구, 시누이, 아들, 며느리, 손녀까지, 예전처럼 다 함께 둘러앉아 음식을 나누고 웃음을 나누는 풍경이 다시 펼쳐졌다.

지난여름에 잠깐 얼굴을 보긴 했지만, 그새 조카 둘은 훌쩍 자라 있었다. 키도 크고 말수도 줄어들어, 틈만 나면 휴대폰 게임에 몰두하는 모습이 낯설었다. 예전엔 손녀를 안아주고 장난감을 가지고 놀아주던 아이들이 이제는 어른스러운 표정으로 조용히 앉아 있었다. 그 모습에 마음 한켠이 서운했다. 아이들에게 이삼 년은 너무 긴 시간인가 보다. 아직도 낯가림이 심한 손녀는 오촌 남자아이들이 불편한지 엄마 치맛자락을 꼭 붙잡고 떨어지지 않았다.

　차례를 지내고 설거지를 마친 뒤, 윷놀이 판을 펼쳤다. 윷놀이는 우리 고유의 명절 놀이로, 나이도 성별도 상관없이 모두가 함께 즐길 수 있는 놀이다. 지난 정월대보름 성당에서도 윷놀이가 있었는데, 평소 점잖던 신자들과 신부님, 수녀님까지도 아이처럼 웃고 떠들며 즐기는 모습이 참 보기 좋았다. 윷이나 모가 나오면 덩실덩실 춤을 추기도 하고, 같은 편이 되면 금세 친해지는 마법 같은 놀이였다.

　이번엔 손녀와 내가 한 팀, 초등학생 조카 둘이 다른 팀이 되었다. 손녀는 처음엔 어색했지만 윷가락을 던지고 말판을 놓으며 점차 놀이에 빠져들었다. 조카들도 처음엔 말없이 앉아 있었지만, 승부가 오가며 점점 눈빛이 반짝였다. 초등 6학년 조카는 말판을 능숙하게 다루며 승부욕도 대단했다. 우리가 이기자 손녀는 기분이 좋아져 깔깔 웃었고, 조카는 아쉬운 표정을 감추지 못했다.

　그러더니 녀석이 내게 도전장을 내밀었다. "큰엄마랑 일대일로 다시 하자!"며, 지는 사람은 딱밤을 맞기로 하잔다. '오호라, 이 녀석 보게나.' 끈질긴 요구에 결국 팔뚝 맞기로 타협하고 윷판을 다시 펼쳤다. 이번 판에도 내가 이기면 너그러운 큰엄마 마음으로 조카의 팔뚝을 때리는 시늉만 하리라 마음먹었다. 그런데, 윷이 세 번이 나왔는데도 결국 내가 졌다. 조카는 의기양양하게 내 팔뚝에 붉은 자국을 남겼고, 시누이와 시동생, 며느리는 걱정스러운 눈빛을 보냈다. 하지만 녀석은 큰엄마를 약 올리는 재미에 푹 빠져 장난을 멈추지 않았다. 그렇게 왁자지껄한 윷놀이가 끝났다.

예전엔 사촌, 오촌들이 한 마을에서 자라며 자연스럽게 친해졌지만, 요즘은 명절에나 겨우 만나니 사이가 멀어질 수밖에 없다. 손녀와 조카들이 함께 웃고 떠드는 모습을 보며, 그동안 멀어진 마음이 조금은 가까워졌다는 생각에 뭉클했다. 활발한 조카의 모습을 보며 학교에서 친구들과 잘 지내고 있을까 걱정했던 마음도 한결 가벼워졌다.

명절의 윷놀이 한 판이 아이들에게 단순한 놀이가 아니라, 오래도록 기억될 따뜻한 추억이 되었기를 바란다. 그리고 그 추억이, 다시 만날 때 서로를 조금 더 편하게 느낄 수 있는 다리가 되어주기를.

도라지꽃

 무더운 날씨다. 큰 나무가 우거진 등산로는 그늘이라 시원했지만, 숲길을 벗어나 평지로 내려오니 금세 찜통 같은 더위가 온몸을 휘감는다. 길가의 잡초들마저 불볕더위에 기운을 잃은 듯 축 늘어져 있다. 상추, 고추, 가지 등이 심어진 채마밭 가장자리엔 보라색과 흰색 도라지꽃이 별을 닮은 몽우리를 터뜨리고 있다. 막 피어난 도라지꽃은 더위가 대수냐는 듯 종 모양을 하고 반짝이며 눈길을 끈다.

 도라지꽃은 언제 보아도 예쁘다. 흰색 꽃은 청초하고, 보라색 꽃은 만지면 물이 들 것처럼 강렬하다. 두 가지 색이 어우러진 밭을 바라보다 문득, 한 가지 색으로만 핀 도라지밭을 떠올린다. 흰색만, 혹은 보라색만 피어 있는 밭은 정성스럽게 가꿨을 테지만, 어쩐지 뭔가 빠진 듯한 아쉬움이 남는다. 서로 다른 색이 함께 있어야 더 아름다운 것처럼, 삶도 그렇게 어우러져야 비로소 깊은 울림을 준다.

도라지꽃을 보면 무더운 여름, 그리고 어머니가 먼저 떠오른다. 농촌의 칠월은 논밭에 농작물이 무성하게 자라고, 잡초도 하루가 다르게 번성하는 계절이다. 친정어머니는 이맘때면 젖먹이 동생을 고모나 작은엄마께 맡기고 산으로 향하셨다. 이산 저산을 누비며 약초를 캐고, 덜 익은 산딸기를 따오셨다. 온종일 산속을 헤매다 돌아오면, 허기를 달래던 아기를 안아 젖을 물리셨다. 허리춤에 매달린 싸리나무 다래끼는 마루도 못 올라오고 댓돌 위에 놓였고, 어머니는 미안한 마음에 아기를 어르고 머리를 쓰다듬으셨다.

보자기나 다래끼 안의 수확물은 늘 궁금했다. 덜 익은 산딸기, 지치, 오래된 더덕 같은 귀한 약초들이 한두 뿌리씩 담겨 있었다. 산딸기는 살짝 쪄 말리면 한약재로 약초 장수들이 사가기도 했다. 그리고 언제나 빠지지 않고 담겨오는 것이 도라지였다. 껍질을 까서 나물로 먹거나 약초로 팔 수 있는 도라지는, 어머니의 손에서 삶의 희망이 되었다.

농촌의 여름은 돈 나올 곳이 없다는 것이 불을 보듯 뻔한 일이었다. 감자, 밀, 보리타작으로 식량은 마련되었지만, 생활

비는 턱없이 부족했다. 봄누에로 약간의 목돈을 만지긴 했지만, 그것도 단솥에 물 붓기였다. 두 삼촌과 맏딸인 나, 그리고 아래로 줄줄이 동생들이 있었으니, 도시락 준비와 기성회비, 학용품 살 돈이 날마다 필요했다. 우리는 어미에게 먹이를 달라고 입 벌리는 제비 새끼들처럼, 아침마다 손을 내밀었다.

빈 몸으로 산길을 걷는 것도 힘들다고 게으름을 피우는 이 즈음이다. 하지만 어머니는 그 여름을, 그 칠월을, 그 산도라지를 한 뿌리 두 뿌리 캐면서 묵묵히 견디셨다. 어머니와 칠월, 그리고 도라지는 자연스럽게 하나의 그림이 된다. 고운 보랏빛 도라지꽃은 그 시절의 어머니를 닮아, 지금도 내 가슴 한 켠에 아릿하게 남아 나를 물들인다.

도라지꽃은 칠월의 땀방울, 어머니의 허리춤, 그리고 가난 속에서도 꺾이지 않던 사랑이다. 그 보랏빛이 지금 내 마음 속에서 다시 피어난다.

장 담그는 날

꼭 그날이어야 한다고 하셨다. 햇살이 좋아 따뜻한 날도 아니고, 그렇다고 주말이나 공휴일을 알리는 달력에 빨간색으로 표시된 날도 아니다. 장 담그는 날이 있다고 하셨다. 어머니 집 거실 벽에는 글씨가 큰 달력이 있는데 숫자 아래 날짜마다 십이지신의 동물 그림이 순서대로 그려져 있다. "말 날에 장을 담가야 장이 탈이 없고 맛도 좋다"고 하셨다. 예전에 친정어머니도 장을 담그기 며칠 전부터 달력을 살펴보셨다. 한 달에 두세 번 돌아오는 날이니 날짜를 놓치지 않으려면 마음을 써야 한다.

처음에는 조금 의아했다. 지금이 어느 시대인데 그런 옛 풍습을 믿는단 말인가. 주재료인 알맞게 띄운 메주와 물, 소금 등이 비율만 잘 맞으면 그만이라 생각했다. 일을 하고 있는 나로서는 주말이면 좋겠다는 말씀을 드렸지만, 어머니는 뜻을 꺾지 않으셨다. 구순을 바라보는 시어머니께서 긴 세월 동안 굳게 지켜 온 풍습이 신념이 되었으니 그저 따르기로 했다. 몇 해 전부터 장 담그는 일을 함께 해오고 있다.

설을 지났다고는 하나 아직 추위가 물러가지 않은 터라 제법 쌀쌀한 날씨다. 농가에서는 대부분 정월에 장을 담근다. 어머니는 음력 정월이 아니면 삼월에 담그는데, 정월에 담근 장이 좋은 이유가 있다. 기온이 낮아 조금 덜 짜게 담가도 장맛이 변하지 않고 짠맛이 덜하다 보니 맛도 더 좋으며, 바쁜 농사철이 되기 전에 일찌감치 장류를 담가 일을 덜어두는 셈이 된다. 농사지은 콩과 고추로 된장, 고추장을 담가서 일 년 동안 국을 끓이고 간장으로 반찬의 간을 맞춘다. 간장, 고추장 양념으로 나물을 무치고 얼큰한 찌개 국물에 깊은 맛을 내게 한다. 간장, 고추장, 된장은 우리 음식에서 빼놓을 수 없는 기본 식재료이다. 불가피하게 집이 아닌 밖의 음식을 연이어 먹게 될 때가 있다. 집으로 돌아와 따뜻한 밥에 보글보글 끓인 된장찌개 하나면 부대끼던 속도 평정을 찾는다. 된장찌개는 늘 먹어도 질리지 않는다.

내 손으로 장을 담근 햇수는 결혼 초 몇 해가 전부였다. 아파트에 살면서부터 어머니가 담가 놓은 된장, 간장을 날라다 먹었다. 장항아리는 햇볕이 잘 들어야 곰팡이가 생기지 않는다. 아파트에 사는 핑계로 우리 칠남매는 어머니 된장이 세상 최고의 장맛이라 엄지척을 해가며 연로한 어머니를 장 담그는 일에서 헤어나지 못하도록 부추겼는지 모른다. 결혼 초 시누이들은 시어머니가 담그신 된장이 최고라고 했다. 사실 그 때는 이십오 년 동안 먹어 오던 친정어머니의 손맛이 내겐 첫 번째였다. 세월이 흘러 이제 사십여 년 한 항아리 된장을 먹으며 이젠 시누이들과 같은 마음이 되었다.

장맛은 집마다 다르다. 그 집에 전해져오는 맛을 지니고 있어 같은 재료를 쓰더라도 장을 뜨는 시기, 농도, 숙성조건 등에 따라 완성된 장맛에는 다소 차이가 났다. 이즈음엔 바깥에서 밥을 먹는 일이 많지만, 예전에 우리가 어릴 때 시골에서는 외식할 기회가 흔치 않았다. 오로지 집밥에 익숙해진 입맛에 어쩌다 다른 집에서 음식을 먹게 될 때 확연히 다른 장맛에 적잖이 놀라기도 했었다. 요즈음 식당은 물론, 가정에서도 시중에 나오는 된장을 많이 쓴다. 어쩌다 직접 담근 된장으로 끓이는 찌개가 밥상에 올라오는 음식을 만나면 입을 모아 맛있다고들 한다.

시어머니는 이제 장 담글 엄두를 못 내신다. 어림잡아 칠십 년은 연례행사처럼 하시던 일들을 이제는 내려놓는 중이다. 왜 진작 어머니의 장 담그는 솜씨를 배워두지 않았는지 스스로 우매함만 탓하고 있을 수 없었다. 지금이라도 제대로 배워야겠다는 마음에 어머니께 도움을 청했다. 그냥 의자에 앉아서 가르쳐만 달라고 부탁드렸다. 그 긴 세월 축적된 어머니의 시간과 경험을 한두 해에 습득하고자 하면 큰 욕심이지 않은가. 차근차근 거듭하다 보면 조금씩 배워가지 않을까 싶어 시작한 일이다.

　무슨 음식이든 재료가 좋아야 한다. 제아무리 좋다는 날에 장을 담그더라도 메주나 소금, 물이 좋지 않으면 맛있는 장을 기대할 수 없다. 어머니네 장은 직접 농사지은 콩, 몇년 간 묵혀 간수를 뺀 천일염, 소백산 자락의 맑은 물 등이 어우러져 좋은 맛이 났을 것이다.

　몇 해 전까지만 해도 어머니는 자식들 만류에도 극구 농사를 지으셨다. 늦가을 추수를 마치고 김장도 하고 나면, 콩을 터셨다. 메주를 쑤어서 매달아야 어느덧 한 해 농사의 마무리가 되는 듯했다. 어머니는 겨울이면 메주와 한 방에서 주무셨다. 추운 겨울 메주가 있는 방에는 습도가 높아지기 마련이다. 자칫 습도 조절을 잘 못하면 잡균이 번식한다. 추위도 가끔 문을 활짝 열어 환기해야 했다. 따뜻한 방에서 하루 이틀 지나면 꾸덕꾸덕 말라가던 메주가 한 달을 훌쩍 넘기면 알맞게 잘 건조된다.

가장 중요한 일은 메주 띄우기다. 따뜻한 방바닥에 볏짚을 깔고 메주를 올려놓은 다음 보온이 될 만한 것으로 따뜻하게 덮어 적당한 온도를 유지해 메주가 잘 뜨도록 한다. 메주가 발효되는 과정에서 방안엔 온통 쿰쿰한 냄새가 진동해 코를 막곤 했었다. 가족들은 냄새난다고 눈살을 찌푸렸다. "너희가 먹는 장이 거저 되는 줄 아느냐! 다 익히고 말리고 띄우는 과정을 거쳐야 장이지." 어머니는 으레 메주를 띄울 때는 어쩔 수 없다는 듯이 누가 뭐래도 귓등으로 들어 넘기셨다.

어머니는 의자에 앉아 장 담그는 일을 진두지휘하신다. 체력이 따라주지 않아 몸으로 직접 하지는 못하여도 옆에서 가르쳐 주시니 천군만마를 얻은 듯 실패할 걱정 따위 하지 않으련다. 며느리에게 말로만 '이래라, 저래라' 가르쳐 주려고 하니 답답하신 모양이다. 몸을 일으켜 손수 팔을 걷어붙이다 앉곤 하신다.

소금물은 미리 풀어 달걀을 띄워 농도를 가늠하여 가라앉혀

놓았다. 소독한 항아리에 메주를 차근차근 담고 소금물을 정성스레 퍼 담는다. 고추, 대추, 숯을 넣고 공기가 통하는 유리 뚜껑을 닫아 보관한다. 들며 날며 어머니 어깨너머로 보아온 일들이 이론으로는 아는 척을 하지만 사실 결코 쉬운 일은 아니다. 한 달 보름 정도 지나면 된장과 간장 가르기를 해야 한다. 그렇다고 장 담그기가 끝이 아니다. 바람과 햇볕을 받으며 시간을 기다리며 숙성 과정을 거치면 맛있는 된장이 탄생한다.

 장 담그는 일은 끝나지 않은 진행형이다. 햇볕을 잘 받아 숙성이 잘 되는지, 비가 오면 혹여 항아리에 빗물이 들어가지는 않을까 늘 살펴야 하리. 맛 좋은 장도 관리를 잘못하면 잠깐 사이 망가뜨릴 수 있다. 항아리를 닦아주고 된장을 떠다 먹을 때도 덜어낸 자리를 다독다독 다독여 줘야 곰팡이가 생기지 않는다. 우리의 식탁에 올라오는 맛있는 된장찌개는 긴 시간 기다림과 정성이 응축된 결과물이다. 장 담그는 날은 정월 어느 하루가 아니다. 일 년 삼백육십오 일을 숨 쉬며 품어가는 날들이다.

노각의 맛

여름이 저물어간다. 한낮의 햇살은 여전히 뜨겁지만, 아침저녁으로 스치는 바람엔 선선한 기운이 감돈다. 계절은 어느새 가을의 문턱에 서 있다. 여름을 잘 견뎌냈다고 생각했지만, 몸은 조금씩 지쳐가고 있다. 입맛도 시들해지고, 그동안 즐겨 먹던 애호박볶음이나 찐 가지 반찬도 이제는 손이 가지 않는다.

무얼 해 먹을까 고민하던 중, 며칠 전 베란다에 두었던 노각이 떠올랐다. 누렇게 익은 껍질을 벗기고, 반으로 갈라 속을 파낸다. 썰어 소금에 살짝 절인 뒤 물기를 꼭 짜내면, 그 안에 숨겨진 깊은 맛이 살아난다. 고춧가루와 파, 마늘을 넣어 매콤하게 무쳐도 좋고, 식초와 설탕으로 새콤달콤하게 버무려도 입맛을 돋운다. 오독오독 씹히는 식감은 잃었던 식욕을 되살려준다.

푸른 오이는 상큼한 향으로 여름 내내 사랑받지만, 이제는 조금 물린다. 반면 노각은 호불호가 갈리지만, 여름의 끝자락에 조용히 다가와 마음을 어루만진다. 특별한 맛은 없지만, 그 밋밋함 속에 담긴 깊이는 푸른 오이와는 또 다르다. 젊은 시절엔 그 밋밋함이 싫었지만, 어느 순간부터 이맘때면 노각무침이 그리워졌다.

봄에 심은 오이 넝쿨은 초여름부터 푸른 열매를 맺는다. 물만 잘 주면 하루가 다르게 자라나 노란 꽃을 피우고, 푸른 오이를 키워낸다. 하지만 장마와 가뭄을 견디며, 넝쿨은 점점 생기를 잃고 누렇게 마른다. 그 속에서 노각은 마지막 힘을 다해 씨앗을 품는다. 시든 잎과 줄기는 자신을 돌보지 않고 열매에 영양을 보내며, 생명의 마지막을 준비한다.

노각의 껍질을 바라보면, 그저 식재료가 아닌 하나의 삶이 보인다. 얼기설기 실금이 새겨진 누런 껍질은 지나온 세월의 흔적처럼 느껴진다. 젊음의 푸르름은 사라졌지만, 그 자리에 삶의 무늬가 남았다. 욕심을 내려놓고, 자식에게 모든 것을 내어준 부모의 모습이 떠오른다.

마트 진열대에 놓인 노각은 당당하다. 젊음의 향은 잃었지만, 세월을 받아들인 그 모습은 오히려 더 깊고 단단하다. 주변을 돌아보면, 우리 세대도 이제 일선에서 물러나고 있다. 취미를 즐기며 여유를 누리는 이도 있지만, 그렇지 못한 이들이 더 많다. 기술과 문화는 빠르게 변하고, 젊은 세대에게 배워야 할 것도 많아졌다.

하지만 노각처럼, 우리에게도 세월이 빚어낸 맛이 있다. 경험에서 우러난 지혜는 여전히 사회 곳곳에서 필요하다. 욕심과 자만을 내려놓고, 한 발짝 물러서서 누군가에게 도움이 되는 삶을 살아간다면, 그것이야말로 노년의 품격이 아닐까.

감자꽃이 지면

"감자는 하지를 지나야 분이 나고 제맛이 나지."

 어머니는 감자꽃이 지면 이렇게 말씀하셨다. 그래서 내 유년의 여름은 햇감자에 대한 기다림으로 더욱 설렜다. 떡갈나무, 낙엽송, 느티나무 잎들도 연둣빛에서 갈맷빛으로 변해 갔다. 겨울을 이기고 푸른 물결을 이루었던 보리가 누렇게 익어 가는 때이다. 산자락에서는 산딸기가 발갛게 무르익고 자두나 살구 같은 여름 과일이 새콤달콤 맛을 들여갈 때 감자도 알알이 영글어 간다.

 해토 무렵 아버지는 겨울 동안 밭 가에 구덩이를 파고 묻어두었던 씨감자를 꺼냈다. 밭을 갈고 거름을 넉넉히 뿌려 이랑을 만들고 감자 심을 곳을 마련하였다. 할머니와 어머니는 봄 햇살 가득한 마당에 앉아서 건강한 싹눈을 요리조리 살피며 감자 눈을 땄다. 아궁이의 재로 씨감자의 잘린 부분을 소독했다. 살랑살랑 봄바람이 불어 감자의 허연 살이 꾸덕꾸덕 마르면 밭이랑에 심는다. 눈을 따내고 남은 감자는 마치 요철 같은 이상한 모양이 되었다. 밥할 때 넣어 쪄 먹거나 사카린을 넣고 삶기도 하는데 그리 맛있지는 않았다. 하지만 그마저도 귀한 음식이었다.

이른 봄 농작물 중 가장 먼저 땅속에 심어진다. 농부의 믿음을 져버리지 않고 부지런히 뿌리를 내리고 싹을 틔운다. 밭골에 뿌린 거름을 감자만 먹으면 좋겠지만 텃세하듯 잡초가 먼저 빨아먹고 키를 키워간다. 풀을 뽑아주고 아이들 다독이듯이 호미질하여 북을 돋아주어야 한다.

밭에 다녀온 할머니와 어머니는 비가 오지 않아 감자가 타들어 간다고 했다. 겨우 잎을 늘려가던 감자 싹은 봄 가뭄에 더디게 자라 농부의 마음도 같이 타들어 갔다. 긴 가뭄 끝에 기다리던 비가 내리면 감자 싹은 하루가 다르게 밭골을 푸르게 만들어갔다.

산촌의 봄은 그야말로 춘궁기다. 보릿고개라는 말이 있듯이 농촌에서는 봄에 양식이 떨어져 끼니를 거르는 집이 있을 만큼 어려운 계절이다. 이른 봄부터 밭 갈고 논갈이해 모심고 곡식 씨앗 뿌리고, 농사일은 해도 해도 끝이 없다. 조부모님과 부모님 작은아버지, 작은어머니, 어른들은 모두 열심히 일하시느라 긴긴해에 고봉밥을 드신다 해도 세 끼니로는 늘 허기가 졌을 것 같다.

감자꽃이 피었다. 하얀 별 모양의 꽃잎에 노란 수술이 수수해 보이면서도 볼수록 예뻤다. 본격적인 기다림이 시작되었다. 꽃이 피면 땅속에는 감자가 열리고, 줄기에 달린 감자들은 조금씩 제 몸을 살찌울 것이다. 차츰 감자가 굵어지면 밭이랑이 불룩해진다. 겉으로 보이지 않지만 땅속에서 살이 오른다는 증거다. 땅이 쩍쩍 갈라져 금이 가면 감자알이 많이 굵어졌다는 기별이다.

감자가 여물었을지 늘 기다려졌다. 농촌에서는 감자가 여무는 시기를 하지夏至를 기준으로 삼았다. 나는 찐 감자나 감자 반찬을 좋아했다. 감자꽃이 피었다가 시들해지면 맛있는 감자가 먹고 싶어 어머니한테 "감자꽃은 언제 져?" 하고 물어보곤 했었다. 어머니도 감자가 영글기를 기다렸는지 하지를 지난 며칠 후 불룩한 밭이랑 한쪽에 조심스레 호미를 넣어 감자 두세 포기를 캤다. 뽀얀 감자를 밥 할 때 얹어서 쪄낸 포실포실한 햇감자의 맛은 지금도 잊을 수 없다.

이맘때면 햇보리와 밀도 수확한다. 땅속에서 겨울을 버텨낸 보리는 성질이 차고 찰기가 없는 편이지만, 보리밥을 지을 때 감자를 몇 알 넣으면 한결 밥맛이 좋다. 어머니는 쌀보다 보리쌀이 더 많은 밥 위에 잘 영글어 하얗게 분이 나는 감자를 주걱으로 툭툭 으깨어 섞어서 밥을 퍼담았다. 식구들은 모두 그 담백하고 고소한 감자 맛에 물들어 고단함도 잊었다.

내게는 감자와 밀가루가 만나 이루어진 추억의 맛이 있다. 어머니는 밀 타작을 하여 밀가루를 빻아오면 감자 붕생이를 만들어주었다. 감자 범벅이라고도 하는데, 감자를 솥에 넣고 찌다가 밀가루 반죽을 하여 감자 위에 얹어 다시 한번 푹 쪄내면 된다. 감자의 고소함과 밀반죽에 달짝지근한 맛 그게 다인데 그 맛을 잊을 수 없다. 감자는 자체로도 맛이 있지만 다른 식재료와 만나면 음식 맛을 더욱 배가시켜 준다.

유년의 그리움 때문인지 해마다 감자를 조금씩 심어본다. 불룩한 이랑에 호미질 몇 번이면 옹기종기 소복이 모여 있는 감자를 캘 수 있다. 몇 포기 캐다 보면 감자가 밭골에 죽 나와 앉는다. 굵고 토실토실한 감자가 있는가 하면 끝물에 달렸는지 자잘한 감자도 있다. 가뭄과 폭염 때문인지 툭툭 터지고 벌레가 먹은 것도 있다. 얼마나 참고 참았으면 몸이 툭툭 터졌을까. 땅속에서는 어려움 없이 열매 맺고 살만 찌우면 되는 줄 알았는데, 식물이나 사람이나 살아가는 세상에는 고난이 따름은 별반 다르지 않은가 보다.

감자 앞에 고마운 마음이 든다. 어려운 계절 봄을 지나 여름으로 가는 길목에서 가족들의 헛헛함을 채워주고 감칠맛을 내어 입맛을 돋우어 주었으니 어찌 고맙지 않으랴.

오늘 저녁에는 보리쌀을 섞고 감자도 몇 개 얹어 밥을 지어야겠다. 때마침 알맞게 익은 열무김치 된장찌개와 감자밥을 먹으며 어머니가 해주셨던 감자 음식 맛을 느껴보리라.

아버지의 발

운동 중 발을 만지고 자극을 주곤 한다. 발바닥에 용천혈을 꾹 눌러주고 발목을 돌리기도 하고 경락 곳곳에 자극을 준다. 언제 이렇게 내 몸을 살뜰히 만져보았을까. 무릎 밑으로 두 손을 잡고 다리를 들면 발이 내 눈높이와 비슷하게 올라와 발가락과 발등이 보인다.

코앞에 발을 바라보게 된다. 지금껏 묵묵히 본분을 수행하는 발과 마주하고 보니 발가락들이 전에 없이 친숙하고 이쁘게 보인다. 젊은 시절 맵시 있게 보이고 싶어 뾰족구두를 신기도 했었다. 건강을 지키겠다고 산을 오르고, 걷기 운동이 붐이라며 삼한의 초록길을 걸어 의림지를 다녀오곤 했다. 내가 가고자 마음먹으면 어디든 데려가 준 발이다. 크게 변형되거나 아프지 않으니 고맙기 그지없다. 그런 마음도 잠시, 내 발

등 위로 아버지의 투박했던 발이 겹쳐 아른거렸다.

 아버지의 발은 한 생을 부모, 형제, 자식들을 위해 걸으셨다. 육남매의 장남으로 칠남매의 아버지로 사시느라 평생을 논밭에 나가 일을 하고 산에 가셔서 땔감을 지게에 져 날라야 했다. 농기계가 없던 시절이라 온몸을 연장 삼아 일을 하셨다. 아버지의 어깨와 등은 언제나 삶의 무게만큼 짐이 지워졌다. 경운기 하나 없이 오로지 두 발로 걸어서 개울 건너 밭에 가셔야 했으며, 쟁기를 지고 소를 앞세워 집에서 멀리 떨어진 논에 가셔서 온종일 논을 갈았다. 모를 심을 때는 맨발로 논에 들어가서 종아리에 힘줄이 불끈 솟도록 힘을 써야 했다. 가을에 벼 타작을 해 집으로 오실 때 그날만은 이웃에 달구지를 빌려 썼다. 손에는 소고삐를 잡고 수확한 나락 가마니를 뿌듯하게 바라보며 상기된 얼굴로 바쁜 걸음을 옮기시던 아버지 얼굴이 떠오른다.

 오래전 할머니 말씀이 생각난다. 아버지가 초등학교 고학년쯤 되었을 때이리라. 보리를 찧어야 저녁을 지을 수 있는데 디딜방아를 혼자서는 찧을 수 없어 학교에서 돌아오는 아버지만 기다리셨다 한다. 너울너울 해가 질 무렵 아랫동네를 내려다보면 아버지가 시오리 길을 쉬지 않고 걸어 오는 게 보였다고 하셨다. 한숨 돌릴 새도 없이 같이 방아를 찧어 저녁을 지으셨다는 이야기를 상기하니 장손의 길, 가장의 길을 걸으시느라 어린 시절부터 동분서주하신 듯하다.

아버지에게 푸르른 날들은 언제였을까. 도무지 짐작이 가지 않았다. 맏이인 내가 태어나고 군대를 다녀오셨다. 일평생을 동생들 공부 가르쳐 결혼하면 살림 내보내고, 딸 여섯 가르쳐 시집보내고 부모님 봉양하는 사이 손발은 닳고 닳았다. 마흔 중반에 어렵게 얻은 아들을 결혼시켜 놓고서야 겨우 아버지는 무거운 짐을 조금 내려놓게 되셨을 터이다.

젊은 시절의 아버지 발은 기억이 없다. 아버지가 연로하셔서 집에 계실 때 친정집에 가면 발뒤꿈치에 바르는 연고나 크림 통이 자주 눈에 띄었다. 땀이 나지 않아 발뒤꿈치가 갈라진다고 하며 연고를 바르시는 아버지 모습을 보고도 연세가 드시면 그러려니 했다. 어린 시절부터 일을 해오신 아버지의 몸, 손과 발, 어깨, 허리 등 어느 곳이 온전하랴마는 쩍쩍 갈라지는 발뒤꿈치 때문에 매우 불편해 보였다.

아버지의 발은 작은 편이었다. 어머니 먼저 보내시고 혼자 쓸쓸히 시간을 보내실 때이다. 언젠가 친정에 가서 아버지 양말을 세탁하려고 보니 분명히 아버지 양말인데 여자 양말로 보였다. 여자 양말을 잘못 알고 사신 게 아닌가 하고 여쭈었다. 발이 작다 보니 남자 양말을 신으면 양말이 벗겨져 일부러 여자 양말을 사셨단다. 젊으실 때 아버지의 발은 보통 여자들 발보다 조금 컸지만 연세가 많아지면서 살이 빠지다 보니 발마저 작아진 듯했다.

아버지의 발을 자세히 보게 된 계기는 한참 후였다. 돌아가시기 일 년 전쯤 아버지는 우리 집에 오셔서 두 달 가까이 계셨다. 아버지가 계시는 동안 나름대로 발을 좀 관리 해드리고 싶었다. 난생처음 아버지 몸을 씻겨드리고 따뜻한 물을 대야에 담아 발을 담그고 있게 한 후 씻어드렸다. 발톱을 깎아드리려고 보니 두꺼워 손톱깎기로는 할 수가 없었다. 어떤 발톱은 푸석푸석 해져서 깎는 중에 부서지기도 했다. 여전히 발뒤꿈치는 각질이 두터워 갈라져 있었다. 팔십 평생 이 작은 발로 아버지는 가족을 위해 험하고 힘든 길을 가리지 않고 걸으셨으니 얼마나 힘드셨을까. 아버지의 발등 위로 애써 참아온 뜨거운 물방울이 뚝 떨어졌다. 자식이 몸을 씻겨드리는데 많이 민망해하시고 발도 너무 자주 씻자고 한다며 매번 괜찮다고 하셨다. 아마도 미안한 마음에 그러셨으리라.

그런 아버지의 발이 고와진 때가 있었다. 아버지는 주간 요양보호센터에서 열 달쯤 돌봄을 받으셨다. 아이들을 어린이집에 보내면 생활하는 모습을 부모에게 사진으로 보내듯이 그 센터에서는 돌봄 받는 어른들의 사진을 SNS 밴드를 통해 자식들이 볼 수 있게 해주었다. 가장 기억에 남는 사진이 점심 식사 후 어르신들이 족욕을 하는 사진이었다. 족욕기가 여러 대 설치되어 아버지를 비롯한 어르신들이 일렬로 주욱 앉아 족욕을 날마다 할 수 있었다. 자식들이 제대로 관리해주지 못한 아버지의 발이었다. 딱딱하게 굳어 혈액순환이 안 되던 발에 날마다 족욕을 하여 따뜻하게 혈액이 돌게 해주었다. 한 달, 두 달쯤 지나 아버지의 발뒤꿈치는 깨끗해졌다. 그러나 아버지의 기력은 날로 쇠해지고 기억력도 차츰 흐려져 갔다.

임종을 앞둔 무렵 아버지의 발을 만져봤다. 할아버지 할머니 고모, 삼촌들 그리고 우리 칠남매 그 많은 식구를 책임져 오느라 작달막한 키에 자그마한 발로 얼마나 많은 발걸음을 옮기셨을까. 아버지는 한 번도 그 어깨나 발걸음이 힘겹다 푸념 한 번 한 적이 없으셨다. 이제 하늘나라에서는 아버지 몸과 마음이 편안하시길 간절한 마음으로 기도할 뿐이다.

제2부

나는 오늘도 조연입니다

- 나는 오늘도 조연입니다
- 창밖 세상 읽기
- 연하장의 추억
- 삼십육년 만의 해후
- 화려한 변신
- 사월의 꽃샘추위
- 빛나는 별이 되어라
- 어머니의 마늘밭
- 걸지 못한 달력
- 가을걷이
- 매듭달을 보내며
- 내 머리속의 지우개

나는 오늘도 조연입니다

 손녀는 요즘 역할놀이에 푹 빠졌다.
 아파트 같은 동에 사는 손녀는 저녁이면 우리 집으로 와 두세 시간씩 놀다가 간다. 이즈음엔 소꿉놀이는 시들해진 듯하다. 언제부터인가 역할놀이가 더 재미있는지 어린이집 놀이를 하고 공주와 왕자가 되어 춤을 추다가 결혼식을 하는 등 역할놀이에 시간 가는 줄 모른다.
 손녀는 언제나 주인공이다. 반면, 나에게는 공주를 빛나게 해주는 조연을 하라고 한다. 손녀가 '잠자는 숲속의 공주' 역을 할 때면, 나는 초대받지 못한 요정이 되었다가 공주를 구하는 왕자로, 상황에 맞춰 일인다역을 연기할 때도 있다. 손녀가 백설 공주가 되면 자연스레 내게는 마녀 왕비 역할이 맡겨진다. 때로는 몇 권의 동화책 내용이 뒤섞여 헷갈리지만 조금 다르게 이야기가 전개될 때도 있다. 그러나 놀이이니 그리 중요하지 않다. 손녀와 나는 어느새 연기도 일취월장하고 호흡도 척척 맞는 배우가 되었다. 날마다 하는 놀이이니 대사를 뻔히 알고 있지만 손녀는 매번 대사를 이렇게 저렇게 하라고 나에게 일러준다. 우리의 놀이에선 손녀가 감독이자 연출가이다.

어린이집 놀이도 마찬가지다. 언제나 손녀는 선생님이고 나와 남편에게는 아이들 역할을 하란다. 어린이집에서 어떻게 놀고 있는지 훤히 보일 만큼 재연을 한다. 아마도 어린이집에서 친구들과 놀 때는 집에서 엄마, 아빠와 있었던 일들을 역할놀이로 할 것이 뻔하다. 부모가 화목한 모습을 보이면 좋은 모습을, 사이가 좋지 않으면 그 모습을 보고 들은 대로 놀이로 재현할 것이다.

날마다 수없이 놀이를 반복하면서도 손녀는 싫증 내지 않는다. 하고 싶은 주인공 역을 제 맘대로 할 수 있으니 얼마나 신이 날까. 친구들과 놀 때는 주인공 역할을 하고 싶어도 맘껏 못 하였으리라. 손녀는 그런 규칙 정도는 알 만큼 영특해, 할머니 할아버지 앞에서는 주인공만 해도 허용이 된다는 것을 훤히 꿰고 있을 것이다. 네 살 아이에게도 주인공이 가장 빛나 보일 게 분명하다. 사실 어른들도 주인공에게 시선을 먼저 주고 큰 비중을 두지 않던가. 나도 주인공 이외에 조연이나 단역에 대해 눈여겨보아 주는 일은 흔치 않았다.

돌아보면 나는 주인공일 때가 별로 없었던 것 같다. 어린 시절은 눈에 잘 띄지 않는 아이였다. 집에서는 부모님 뜻을 잘 따르는 착한 아이로, 학교에서는 친구들 사이에 있는 듯 없는 듯한 그런 아이로 자리를 지켰다. 성향이 그러하다 보니 지금도 크게 달라지지는 않았다. 아마 조금은 발전하여 조연쯤은 되지 않았나 싶기도 하지만 그 조연이 싫지만은 않다. 지금도 이런저런 모임에서 앞에 나서는 일은 극히 드물다. 순번제로 돌아가면서 어쩔 수 없이 맡아야 하는 일은 맡지만, 되도록 한 발짝 뒤로 물러나 협조하기를 좋아하고 그 편을 택하는 경우가 편하고 좋다.

미흡해도 주인공 역할을 해야만 할 때가 있다. 유년기에는 완고한 부모님 뜻에 따라 성장하다 보니 어설픈 주장도 펴지 못할 때도 있었으나, 성인이 되고 결혼 후에는 주도적으로 삶을 살아야 했다. 두 아들을 두었으니, 육아에 힘써야 하고 바른길로 성장시켜 사회에 내보내야 하는 책임을 소홀히 할 수가 없었다.

어쩌다 보니 인생 후반기에 들어 수필을 쓰게 되었다. 글을 쓰는 일에는 부족하나마 내가 주인공이 될 수밖에 없다. 수려한 문장이나 명수필 한 편을 지어내지 못해도 내가 걸어온 길에서 보고, 듣고 느낀 생각을 나의 깜냥으로 펼치는 일이다. 내 삶의 주인 역할을 누구에게 대신해 달라고 할 수 없으니 이 길에서 주인공은 나일 수밖에 없다. 그래서 행복하다.

세상이라는 큰 무대에는 다양한 역할이 필요하다. 주인공도 있어야 하지만, 조연도 필요하다. 그 외에 잠깐 스쳐 가는 단역을 맡는 사람도 있어야 한다. 조연의 역할이 주인공을 더욱 빛나게 하고 작품 전체에 큰 영향을 미치는 경우도 많이 보았다. 역할을 정말 맛깔나게 잘 소화한 조연 덕분에 인기 있는 드라마도 많지 않았던가.

놀이에서 언제나 주인공을 맡는 손녀도, 내가 조연 역할을 잘하는 적임자임을 잘 아는 듯하다. 손녀도 알게 될 터이다. 주인공이나 조연 모두 중요하다는 것을.

오늘도 나는 조연이지만 열심히 역할을 해보리라. 조연의 자리는 작지만, 그 안에 담긴 사랑은 결코 작지 않으니까.

창밖 세상 읽기

 오랜만에 기차를 타게 되었다. 멀리 부전역을 출발해 청량리를 향해 운행되는 중앙선 열차이다. 예전엔 보통 열 량 정도 이어져 앞쪽에 탑승하면 창밖으로 뒤쪽을 바라보곤 했다. 동물의 긴 꼬리처럼 이어진 차량 숫자를 세며 신기해했던 추억이 있다. 다른 교통편이 발달 되어 이용하는 사람이 적어서 그런지 차량이 다섯 량밖에 안 된다.

 긴 터널을 지나 원주역에 정차했다. 드문드문 비어 있던 자리마저 모두 채워졌다. 거듭되는 안내방송에 마음이 더욱 긴장된다. 객실 내에서 지켜야 할 주의 사항들을 지켜달라는 내용이다. 마스크 속에 가려진 표정들을 눈빛만으로 읽을 수는 없지만 모두가 편하게 보이지 않는다.

 객실 내 모습도 예전 풍경과는 거리가 멀다. '코로나19 상황' 이전만 하더라도 기차에는 음료와 계란, 과자, 커피 등을 파는 이동 매점 카트가 수시로 지나다녔다. 간단한 음식과 차를 마실 수 있는 카페 전용 칸도 있었다. 지금은 카페 칸도 물품을 파는 카트도 볼 수가 없고 대신 객실 입구에 음료를 구입할 수 있는 자동판매기가 있다. 승객들은 눈을 감고 휴식 중이거나 대부분 스마트폰에 눈길을 주고 누군가와 SNS로 소통하고 있다. 침묵 속에 기차는 쉼 없이 달리다 정해진 역에 도착해 사람들을 내려놓고 또 다른 사람들을 태우고 서울을 향해 간다.

예전 기차 안 모습이 떠오른다. 신문이나 책을 읽는 사람, 초면인 사람과 이야기를 트고 삶은 달걀을 한 줄 사면 으레 옆에 앉은 이에게 하나 건네는 그런 장면이 있었다. 전염병이 창궐하는 시기가 아니어도 이젠 옆에 앉은 사람과 주거니 받거니 이야기를 나누고 사탕 하나라도 나누는 정서는 먼 기억에 남아 있는 추억이 되어 버렸다. 점점 빨리 달리는 기차가 곳곳에 개통되었다. 우리는 어쩜 놀이기구 같은 기기에 올라 전속력을 다해 우리를 싣고 가는 기차에서 조용히 손전화만 만지작거리고 눈을 감은 채 이어폰을 꽂고 음악을 감상하는 사람들로 바뀌었다.

기차를 타면 차창 밖을 보는 재미도 쏠쏠하다. 번화한 도시를 벗어나 들과 산이 이어진다. 비슷비슷하기도 하고 지역에 따라 다르기도 한 산천, 마을이나 도시가 천천히 펼쳐졌다가 뒷걸음치며 물러난다. 산과 들을 통과하고 흐르는 강을 가로질러 달리는 차에 앉아 바깥세상을 즐기다 보니 풍경을 감상하는데 이만 한 자리가 또 있으랴 싶다. 창밖에는 봄비가 내리고 있다. 이곳에서는 보이지 않지만 아마도 가까이 가보면 밭둑이나 논두렁, 또는 척박한 냇둑에서도 새싹들이 파릇파릇 올라오고 있을 터이다. 멀리 보이는 산에 앙상한 나무들도 겨우내 서로 보듬어 주며 지탱해 왔으리라. 굳건히 겨울을 이겨내고 지금쯤은 물관을 통해 물을 길어 올리느라 분주할 것 같다. 머지않아 나뭇잎들이 피어나리라.

　전원주택이 많이 눈에 띈다. 마을에서 벗어난 밭이나 개울가는 물론, 완만한 산자락에도 주택과 펜션, 농막이 자리를 잡았다. 예전 같으면 집 하나 없었을 산 중턱에도 마을이 생겼다. 아파트가 밀집된 도시에 직장과 주거지가 있지만 주말이면 한적한 곳을 찾아 나서는 이들이 많아졌다. 주위에도 은퇴 후 전원생활을 즐기는 사람들이 늘어나고 있다.

　멀리 보이는 시선에서 또 다른 풍경이 떠오른다. 몇 해 전

동유럽 여행 중에 슬로베니아에서 '블레드 성'과 호수를 관광하고 다음 목적지로 이동 중이었다. 버스는 그야말로 한적한 시골길을 천천히 가고 있는데 넓은 전원의 풍경이 시야에 들어왔다. 산은 보이지 않고 야트막한 언덕 정도가 높은 지역으로 보인다. 띄엄띄엄 한 집, 두 집 농가가 고즈넉이 자리하고 있었다. 오래전 달력 그림으로 보아왔던 풍경과 비슷해서인지 낯설지 않게 다가왔다. 굴뚝에 연기가 모락모락 피어나 예전의 우리 시골 마을을 보고 있는 것 같았다. 그때, 마음이 참으로 안온함을 느꼈다. 창밖에 펼쳐진 전원 풍경이 여행 중 고단함을 잊게 하고 마음을 치유해 준 모양이다. 동유럽 여러 명소들을 돌아보며 감탄하곤 했지만, 지금껏 선명하고 평온하게 남아 있는 장면은 그 시간에 보았던 풍경들이다.

    오랜 가뭄을 해갈해 줄 봄비가 조용히 내린다, 기차에서 바라보는 차창 밖 풍경들을 통해 메말랐던 마음에도 촉촉한 비와 함께 그림 하나 새겨지는 날이다.

연하장의 추억

오래된 연하장이다. 물건을 정리하다가 예전에 받았던 연하장을 발견했다. 지금도 서로 연락을 하고 지내는 친구가 보낸 연하장도 있고 이미 오래전에 기별이 끊긴, 한때 가깝게 지내던 인연의 손 글씨 문구 하나하나가 너무도 정겹다. 수십 년 시간이 흘렀음에도 훈훈한 마음이 전해지며 이런 따뜻한 마음을 이즈음에는 많이 잃어가고 있어 아쉽기도 하다.

연말이면 문구점이 북새통이었다. 하얀 눈이 소복하게 쌓인 창밖 풍경과 벽난로에 장작이 활활 타고 있는 그림이나, 눈길에 산타가 선물 자루를 둘러메고 사슴이 끄는 썰매를 타고 있는 그림의 크리스마스카드를 구경하는 재미가 있었다. 성탄절이면 거리 이곳저곳 상점에서 흘러나오는 캐럴을 들으며 크리스천이 아니어도 젊은이들은 '메리 크리스마스'라는 문구를 빌려 성탄 축하 메시지를 보내느라 한껏 들떴다.

　연말이면 대부분 복福 글자가 들어간 그림이 인쇄된 카드를 주고받곤 했다. 새해를 축하하고, 받는 사람의 건강과 만복을 기원하는 마음을 글로 쓴 연하장이다. 오랫동안 연락을 하지 못하고 살던 친구에게서 연하장을 받으면 그동안 소원했던 마음도 봄눈 녹듯 사라지고 따뜻한 온기가 느껴졌다. 나는 종교가 없었다. 내가 '성탄을 축하해' 하면 조금은 진실성이 없어 보이지 않을까 하는 소심한 성격 탓에, 젊은 시절 성탄 카드보다 연하장을 더 좋아했다.

　연하장 한 장 받고 당황스러운 일도 있었다. 고향에서 같이 학교에 다닌 동기생으로 별로 친하지 않던 친구이다. 나는 그때 서울에서 직장을 다니고 있었고 그 친구는 대학교에 가기 위해 삼수를 하던 그해 여름이었던 것 같다. 고향에 다녀오다 상경하는 차에서 만나 안부를 묻다가 주소를 알려줬던 모양이다. 성탄 무렵 연하장 하나가 날아왔다. 반가운 마음에 답으로 연하장을 보내야 할까, 우물쭈물하는 와중에 그 친구의 소식이 들려왔다. 입시에 실패한 그 친구가 자취를 감추었단다. 그 친구의 사촌 형쯤 되어 보이는 그들은 동생 수첩에 내 주소가 있어 찾아왔단다. 친구가 어디에 있는지 알려달라고 사정하는데 나도 알길 없어 난감하기 이를 데 없었다. 그 뒤로 소식을 듣지 못했지만, 그 친구에게 바로 카드를 보냈어야 했는지 아직도 의문이다.

15세기 독일에서 신년을 축하하는 글과 아기 예수의 모습이 담긴 카드를 동판으로 인쇄하여 사용한 것이 연하장의 시초라 한다. 우리나라도 오래전부터 섣달그믐께나 새해 초에 세배를 대신해서 친지나 웃어른께 직접 찾아가 인사를 드리지 못할 때 아랫사람을 보내 서신을 전했다고 한다. 조선시대 세함歲銜이라 하던 이 풍속이 후에 연하장으로 발전한 듯하다.

이즈음에 연하장은 SNS를 통해 전달된다. 영상이나 그 속의 덕담들을 보면 더할 나위 없이 훌륭하지만, 감동은 크게 다가오지 않는다. 시대가 시대이니만큼 그렇게라도 연하장의 명맥이 이어지고 있으니 위안 삼을 뿐이다.

모처럼 연하장 몇 장을 샀다. 한 해 동안 고마웠던 지인과 아주 오래 나를 친아우처럼 살뜰히 챙기는 분, 그들의 따뜻한 마음을 떠올리며 마음에서 우러나는 글귀를 짧게 적어본다.

삼십육 년 만의 해후

　시장 어귀에서 뜻밖에 미소가 다가왔다. 두 손을 흔들며 걸어오는 그녀와 가까이 마주하고 보니 정말 반가운 얼굴이었다. 긴 세월이 지났지만 우리는 단박에 알아보았다. 누가 먼저랄 것 없이 손을 덥석 잡고 반색하며 서로 안부를 물었다. 잠시 찻집에라도 가서 이야기를 나누고 싶었지만, 아주머니가 무슨 사정이 있었는지 빨리 집에 들어가야 한다고 해 얼떨결에 헤어졌다.
　사십여 년 전 내가 살던 동네에 정겨운 세탁소가 있었다. 아주머니는 늘 옷을 다리거나 재봉틀에 앉아 수선을 했다. 뽀글뽀글 파마머리에 수수한 옷을 입고 볼이 늘 빨갰던 것 같다. 아주머니 손끝은 마술사 같았다. 옷을 세탁하고 다림질하여 구겨진 주름을 곱게 펴 칼주름을 잡는 일은 예사였다. 시접이 날강날강 다 미어진 바지도 말끔하게 손질해 주었다. 우리 살림에 옷을 드라이 맡기는 일은 드물었고 남편 바지 단을 박아야 하거나 닳아 해진 옷가지나 들고 세탁소에 갔을 터인데, 아주머니가 편안히 대해주어 오며 가며 자주 들렀다.

그 마을은 새 동네였다. 논과 밭이 있던 벌판에 연립주택 세 동이 들어섰다. 앞쪽으론 주택 단지인데 집마다 주인이 사는 안채가 있고, 다락과 부엌이 딸린 한 칸짜리 방이 있었다. 우리는 그런 셋방에 살았다. 오래된 마을이 아니라서 그런지 세를 살다가 처음 집 장만을 해서 들어온 집주인도 여럿 있었다. 이상하게도 주인집 여자들은 그네들끼리 모여 차 마시고 수다 떨고 왕래하였다. 나이로 보면 나보다 두서너 살 많거나 비슷한 연령대라 가까이 지낼 만도 한데 좀처럼 가까워지지 않았다. 셋방 사는 사람들은 또 세 사는 사람들끼리 아이들 데리고 오가며 어울렸다. 그렇다고 주인집과 사이가 좋지 않은 건 아닌데 형편이나 입장이 비슷한 사람들끼리 자연스레 어울렸던 것 같다.

세탁소 아주머니도 가게에 딸린 방에서 네 명이 생활했다. 연년생 아들을 키우는 내게 아주머니는 관심이 참 많았다. 친정 형제가 몇이나 되는지, 시댁 형제는 또 몇이나 되는지 묻기도 하고, 한 달에 쌀을 얼마나 사 먹는지도 물어봤다. 네 식구가 쌀 두 말을 사면 한 달 먹는다고 하자 "아기 암죽을 끓여도 쌀 두 말은 든다는데 네 식구가 어찌 그거 먹고 살까." 하며 걱정을 했다. 마치 내가 양식을 아껴서 조금 먹는다는 듯이 안쓰럽게 여겼던 것 같다.

"내가, 새댁이 양가에 형제 많은 집 맏이라는 소리 듣고 잠이 안 오더라."

어느 날은 재봉틀에 앉아 일을 하느라 내 얼굴은 쳐다보지도 않고 그리 말했다. 그때 나는 아주머니 뒤에 서서 목울대에 울컥 올라오는 뜨거움을 참느라 애썼다. 아마 내게도 언니가 있다면 이렇게 날 걱정해 주지 않았을까 싶었다.

그런 인연을 오래 이어가지 못했다. 그 동네에서 삼 년 반을 살고 비슷한 시기에 아주머니와 우린 각각 다른 동네의 아파트를 분양받았다. 우리가 먼저 이사하고 몇 달 후 아주머니는 살림집만 아파트로 옮겼다. 세탁소는 그대로 있으니 가끔 그곳에 가면 아주머니를 만날 수 있었다. 발길이 뜸하다 어느 땐가 찾아갔는데 다른 가게가 들어서 있었다. 단골도 제법 있고 곧잘 되던 세탁소를 그만둘 이유가 없었는데 말이다. 아마도 건물 주인이 세를 많이 올렸던가, 가게를 비워달라고 했는지 짐작만 할 뿐이었다. 그래도 같은 지역에 살고 있으니 곧 만날 수 있을 줄 알았는데 그럴 기회가 없었다.

　아주머니의 "새댁이 걱정스러워."라는 그 말이 팍팍한 삶의 언덕을 오를 때마다 생각나곤 했다. 넉넉잖은 살림에 양쪽으로 형제 많은 집 맏이라는 자리였다. 양가에 든든한 기둥도 못 되면서 곰비임비 맞이하는 구실 앞에 힘겨운 쳇바퀴만 돌리는 것 같던 시절도 있었다. 남이지만 이웃을 걱정하느라 잠을 설쳤다는 그 마음이 피붙이 못지않아 고마웠다.

　아주머니의 그때 그 마음이 잊히지 않았다. 어쩌면 아주머니도 각다분한 삶을 활짝 펴보려고 고군분투했지만, 삶이 펴질 기미가 보이지 않으니, 고생을 아는 사람 눈에 젊은 나의 앞길이 훤히 보였던 걸까. 지난한 삶이 녹록지 않아 이런저런 근심이 많던 때라 이웃의 동생 같은 우리 가정이 마음 쓰였던가 싶다. 다부진 데라곤 어디에도 없는 내 어깨에 얹힌 무게를 경험으로 알아차렸을지도 모르겠다. 나는 그런 척박한 환경을 탓하기에 앞서 내 삶을 일구려 애써왔고 때론 나태해지는 자신을 추스르곤 했다.

　또 한 번 우매함을 면치 못했다. 아주머니와 스치듯 우연이 마주친 그날은 헤아려 보니 삼십육 년 만의 만남이었다. 아무리 둘 다 급히 볼일을 보러 가는 중이었어도 전화번호는 받아야 했다. 왜 그리 아쉽게 헤어졌는지…. 아주머니는 혹여 예전에 나를 염려하던 마음을 잊었는지 모른다. 지금껏 살아오며 그 고마움을 잊지 않고 살았다는 이야기를 해 드렸으면 좋았을 걸. 언제인지 몰라도 남편을 멀리 보내드렸다는 얘기에도 깊이 위로의 마음을 전하지 못했다.

만나야 할 사람은 만나진다고 한다. 그 말을 믿으며, 그녀와 다시 마주할 날을 기다린다. 다음에 만나게 되면, 꼭 따뜻한 밥 한 끼 대접하고 싶다. 지나온 삶의 이야기들을 함께 나누며, 그때의 고마움을 다시 꺼내어 놓고 싶다.

화려한 변신

 다시 떠올려도 신기하다. 지난여름, 스마트폰 활용 미디어 교육을 받던 중 예상치 못한 준비물이 등장했다. 강사가 내놓은 것은 다름 아닌 '양말목'이었다. 공장에서 양말을 짤 때 생기는 자투리 고무줄, 산업폐기물로 분류되던 그것이었다. 우리는 그 양말목으로 컵 받침을 만들었고, 그 과정을 촬영해 SNS에 올리는 수업을 진행했다.
 손재주가 없는 나는 처음엔 시큰둥했지만, 손끝으로 만지작거리다 보니 어느새 결과물이 만들어졌다. 작고 소박한 컵 받침 하나였지만, 그 안에 담긴 의미는 결코 작지 않았다. 버려지던 것이 다시 쓰임을 얻는 순간, 나도 함께 변신한 듯한 기분이었다.
 양말목은 이제 단순한 쓰레기가 아니다. 초등학생부터 성인까지, 많은 사람들이 컵 받침, 냄비 받침, 방석, 꽃 모양 브로치, 손가방, 수납 바구니 등 다양한 생활용품을 만들며 그 변신에 동참하고 있다. 환경을 해치던 산업 쓰레기가 공예품으로 재탄생하니, 이 얼마나 기특한 일인가. 쓰레기를 줄이고, 창의력을 키우고, 환경까지 지키는 일거양득의 기쁨이다.

생각해보면, 우리 어머니들은 이미 오래전부터 재활용의 달인이었다. 어린 시절, 어머니는 옷감을 떠다가 직접 옷을 지으셨고, 남은 자투리 천은 보자기나 상보로 다시 태어났다. 털실로 짠 옷이 작아지면 실을 풀어 김을 쐬어 새 실처럼 만들고, 그 실로 다시 옷을 짜서 동생에게 입혔다. 물건 하나도 허투루 쓰지 않던 그 시절의 지혜가 지금 더 빛난다.

하지만 우리는 지금, 물건이 넘쳐나는 시대에 살고 있다. 명절이 지나고 나면 아파트 분리수거장엔 박스와 스티로폼이 산처럼 쌓인다. 신선식품과 수산물 주문이 늘면서 아이스팩도 따라온다. 물이나 친환경 냉매제를 쓰는 경우도 있지만, 젤 형태의 아이스팩은 미세 플라스틱 성분으로 분해에 500년쯤 걸린다고 한다. 다행히 우리 아파트엔 아이스팩 전용 분리함이 생겨, 필요한 곳에 보내져 무료로 재사용되고 있다. 어느 지자체는 재활용품을 가져가면 무게에 따라 지역화폐로 보상하는 자원 순환 가게도 운영한다니, 작은 변화들이 곳곳에서 시작되고 있는 듯하다.

마트 식품 진열대 앞에 서면 망설이게 된다. 언제부터인가 플라스틱 용기에 담긴 두부를 무심히 집어 들곤 했다. 포장 없이 비닐에 담아오던 두부보다 더 단단하고 깔끔해 보여 선택했지만, 그 편리함 뒤엔 늘 쓰레기가 따라온다. 장을 볼 때마다 쓰레기를 덜 만드는 선택을 해야 한다는 걸 알면서도, 실천은 쉽지 않다. 그래도 불편함을 감수하고, 조금씩 바꿔나가는 것이 우리가 안고 가야 할 숙제다.

양말목 하나가 내게 가르쳐준 건 단순한 공예가 아니었다. 버려진 것에도 생명을 불어넣을 수 있다는 가능성, 그리고 나의 작은 실천이 세상을 조금 더 나은 방향으로 이끌 수 있다는 믿음이었다. 화려한 변신은 거창한 기술이 아니라, 손끝에서 시작되는 작은 혁명일지도 모른다.

사월의 꽃샘추위

아직 피우지 못하고 있다. 아파트 뒤편 그늘진 화단의 목련 나무들은 달걀만 한 봉오리를 매단 채 벌써 2주째 멈춰 있다. 남쪽 지방에서는 한 달 전 이미 꽃들이 피었다 졌고, 춥기로 이름난 우리 지역에도 개나리, 벚꽃, 목련이 차례로 피고 졌다. 하지만 햇볕을 제대로 받지 못한 이 목련나무는 훈풍이 잠시 스치자 꽃봉오리를 밀어 올렸지만, 연일 떨어지는 기온에 결국 꽃송이를 피우지 못한 채 그대로 멈춰버렸다.

마치 날씨도 거리두기를 하는 듯하다. 따뜻한 봄이 성큼 다가온 듯하다가도, 입학 무렵이면 어김없이 꽃샘추위가 찾아와 아이들이 감기에 걸리곤 한다. 전염병에 대한 불안, 사회적 거리두기로 얼어붙은 마음들. 계절은 어김없이 오지만, 사람들의 삶은 아직 멈춰 있는 듯하다.

과수농가에는 냉해 피해가 심각하다. 사과, 배나무들이 꽃을 피워야 할 시기에 이상저온으로 꽃이 얼어버렸다. 열매를 맺지 못하거나 기형이 되어 상품 가치가 떨어진다니, 농민들의 시름은 깊어만 간다. 이웃 마을에는 우박까지 내려, 봄의 시작부터 자연재해가 덮쳐버렸다. 농사는 기다림의 예술이라지만, 그 기다림이 고통이 될 때도 있다.

사월은 원래 희망의 계절이다. 하지만 올해는 경제도 얼어붙고, 많은 사람들이 일자리를 잃었다. 아이들은 학교에 가지 못하고, 농가는 외국인 근로자 유입이 막혀 파종조차 어려운 상황이다. 여기에 이상저온까지 겹쳐 농작물 피해가 이어지니, 그야말로 엎친 데 덮친 격이다.

그런데도 봄은 온다. 목련은 움츠린 채 기다리고 있다. 때를 기다리는 봉오리처럼, 우리도 지금은 멈춰 있지만 언젠가 다시 피어나리라는 희망을 품고 있다.

어두운 터널에도 끝은 있다. 자신의 안위를 뒤로하고 감염병과 싸우는 의료진들의 헌신은 그저 고마울 뿐이다. 대부분의 사람들이 불편함을 감수하며 사회적 거리두기를 실천해온 덕분에, 이제 신규 환자 수가 눈에 띄게 줄었다는 소식은 희망의 불씨가 된다. 평온한 일상이 얼마나 소중한지를 절실히 깨닫는 요즘이다. 잃은 것이 많아 좌절도 하지만, 모두가 희망의 끈을 놓지 말아야 한다.

지금 찾아온 꽃샘추위도 곧 물러가고, 날씨가 따뜻해지면 목련은 반드시 피어날 것이다. 어려움을 겪는 모든 이들이 이 시기를 잘 견뎌내고, 꽃처럼 활짝 피어나길 바란다. 추위를 견디고 피어난 목련은 더욱 아름다울 테니.

꽃샘추위는 봄을 더 깊게 만든다. 기다림 끝에 피어나는 꽃은, 단지 아름답기만 한 것이 아니라 견딘 시간의 의미를 품고 있다.

빛나는 별이 되어라

 늦은 밤, 남편과 함께 TV 앞을 지킨다. 매주 방영되는 트로트 경연 프로그램은 우리에게 단순한 오락을 넘어서 위로를 준다. 두 시간 반이라는 긴 방송 시간 동안 시름을 잊고, 마음이 말랑말랑해지는 치유의 시간을 보낸다.
 출연자들의 사연은 각양각색이다. 아이돌 출신, 무명 가수, 평범한 직장인, 모델, 부모님을 도와 주먹밥 가게를 운영하는 청년까지, 그들의 노래는 삶의 무게를 담고 있어 내 마음을 울린다. 무대 위에서 펼쳐지는 퍼포먼스와 가창력은 보는 이의 마음을 그야말로 들었다 놨다 한다. 그동안 이런 보석 같은 이들이 어찌 묻혀 살았는지, 안타까울 정도다.
 그들을 보며 문득 나 자신을 돌아보게 된다. 노래를 잘하면 얼마나 좋을까, 그런 생각을 해본 적도 있다. 예전엔 모임이 끝나면 자연스레 노래방으로 향하곤 했는데, 차례가 돌아오면 어색하고 난감했다. 노래 실력이 신통치 못한 나는 그 순간이 늘 부담이었다. 몇 년 전, 용기를 내어 주민자치센터 노래교실에 등록한 적도 있다. 그곳에서도 이미 잘하는 사람들이 많아 주눅이 들었다. 결국 '그래, 못 하면 못하는 대로 살지 뭐'라는 생각으로 마음을 내려놓았다. 그저 노래 듣는 것만으로도 충분히 흥겹고 기분이 좋으니 말이다.

그래서일까, 이 프로그램은 단순한 경연이 아니라 내 마음 속 깊은 곳을 건드린다. 트로트는 한때 '어른들의 노래'로 여겨졌지만, 지금은 세대를 초월해 사랑받고 있다. 삶이 팍팍할 때, 마음이 지칠 때, 트로트의 노랫말과 선율은 마치 내 이야기를 대신해주는 듯 가슴에 스며든다. TV가 없던 어린 시절, 라디오에서 흘러나오던 노래들이 귓가에 다시 들리는 듯하다.

방송의 위력은 대단하다. 트로트는 이제 중장년층을 넘어 젊은 세대까지 아우르고 있다. 젊은 출연자들의 참여도 이 흐름에 큰 역할을 했다. 하지만 이 열기가 반짝하고 사라지지 않기를 바란다. 경연 방식의 특성상 탈락하는 참가자들을 보면 마음이 아프다. 그들이 좌절하지 않고, 더 단단해져서 결국 자신만의 길을 걸어가기를 응원한다. 최고가 아니어도 괜찮다. 밤하늘의 별들이 모두 각자의 빛깔로 자신의 자리에서 세상을 향해 반짝이는 별이 되면 그대로의 가치가 있을 것이다. 각자의 자리에서 반짝이며, 서로를 비추는 별이 되면….

무대 위의 별들처럼, 무대 밖의 우리도 각자의 자리에서 빛날 수 있다. 노래를 잘하지 않아도, 삶을 잘 살아내는 것만으로도 우리는 충분히 아름답다.

어머니의 마늘밭

　단양 들판의 봄은 마늘밭에서부터 오는 듯하다. 산모퉁이 그늘진 곳에는 아직 떠나지 못한 겨울이 머뭇거리고 있는데 들판엔 허리 구부정한 노인들이 노구를 이끌고 기다렸다는 듯이 봄을 불러들이고 있다. 마늘밭 위에 씌워놓은 비닐에 일일이 구멍을 뚫어 마늘 싹을 비닐 밖으로 꺼내느라 몸은 굽떠 보이나 숙련된 손길을 분주히 움직인다.
　봄바람은 들판에 먼저 훈김을 풀어놓는다. 비닐 속에서 웃자란 마늘잎이 갑자기 밖으로 나와 바뀐 환경에 설 자리를 모를 때 바람은 잎들을 곱게 쓰다듬어 준다. 엄동설한을 무사히 견디고 나온 아낙들에게도 봄바람은 무엇보다 반가운 존재다. 산촌에서 인생의 계절을 다 쏟아 내고 젊음을 바쳐온 아낙들의 머리카락을, 얼굴을, 마디 굵은 손을 봄바람은 무람없이 어루

만지며 안부를 전한다. 노인들은 '어이구 허리야, 다리야' 소리를 입버릇처럼 흘리면서도 수줍은 소녀처럼 머리카락을 쓸어 올린다. 가슴에 연분홍 물이 드는 듯하다.

시어머니도 평생 마늘 농사를 지으셨다. 오래전부터 해가 바뀔 때면 자식들은 농사일을 그만두라 성화를 부렸다. 어머니가 노쇠한 몸으로 농사 지은 마늘이나 배추김치가 아무리 맛있어도 아들, 딸, 며느리는 달게 먹을 수 없어서 하는 말이었다. 자식들은 어머니를 뵐 때마다 일 그만하시고 그냥 쉬시라 말씀드리면 어머니는 "남들 일할 때 어찌 집에 앉아 놀고 있느냐." 하시며 농사철이 되면 아픈 다리를 절뚝이면서도 마늘을 캐고 콩도 심고 배추도 심으셨다.

어머니가 농사짓던 땅을 '둔지밭'이라 불렀다. 둔덕 위에 있는 밭이라 그렇게 불리었지 싶다. 그 밭에서는 육십여 호 되는 마을이 그림처럼 내려다보이고 고샅을 지나 읍내로 나가는 길도 훤히 보인다. 어머니가 젊었을 때 동네에서 차를 가진 사람은 시아버지 한 분뿐이었다. 농사일은 뒷전이고 바깥세상에 관심이 많으셨다고 했다. 밭골에 앉아 뜨거운 햇볕과 잡초와 씨름하는 것은 어머니 몫이었다. 남편이 운전하는 차가 읍내를 향해 마을을 벗어나는 모습이 눈에 들어올 땐 호미질로 애매한 밭골을 후벼 파며 분풀이를 대신했을 터이다. 한쪽으로 기운 물지게를 지듯 자식들을 건사하고 집안 살림을 책임지느라 밭골에 앉아 토해낸 한숨이 아마도 밭고랑을 더 단단하게 다졌을지도 모른다.

어머니도 새봄에 나오는 새순처럼 보드랍고 순한 여인이었을 터이다. 찬 바람이 불면 막아줄 든든한 울타리가 절실했고 무거운 짐을 함께 들어줄 가장이 필요했지만, 이인삼각 경기에서 꼴인 지점이 아닌 다른 곳을 향해 발걸음을 옮기는 시아버지를 부여잡고 묵묵히 삶을 끌고 오셨다. 어머니의 젊은 시절 사진을 보면 참 고우셨다. 고운 얼굴에 굵은 주름을 새긴 것은 비단 세월뿐이 아니었으리라.

마늘은 늦가을에 심는다. 가을걷이로 한창 바쁜 시월 말쯤이나 십일월 초순이면 처마 끝에 매달아 두었던 마늘을 내려 한 쪽씩 쪼개어 뿌리가 실한 쪽만 가려낸다. 어머니는 오랜 경험으로 씨 마늘이 될 튼실한 마늘쪽과 밭부리가 성치 못한 마늘쪽을 선별하셨다. 밭부리가 성하지 않으면 심어봐야 썩고 말 것이니 미리 골라내어 반찬이나 김장용 양념으로 썼다.

이 지역은 산이 많아서 들은 넓지 않다. 석회암 토질에, 산간 지역 특성으로 겨울이 길며 봄, 가을은 짧고 밤과 낮의 기온 차가 심한데 마늘이 생장하기에 최적의 조건이라 한다. 남쪽 지역 마늘보다 통이 작지만, 껍질을 까보면 알은 토실토실 굵으며 쪽이 많지 않고 대부분 여섯 쪽으로 단단하다. 매운맛이 강하지 않고 향도 순하며 저장성도 좋아 품질면에서 으뜸이라 할 수 있다. 그러다 보니 이 지역에서는 예전부터 마늘 농사를 많이 지어왔다. 가을이면 마늘을 심느라 밭고랑에 붙어 앉은 이웃 어머니들이 밭과 하나가 된 듯한 그림을 쉽게 볼 수 있다.

 마늘 심기는 쉬운 일이 아니다. 뿌리가 나올 곳이 아래로 가도록 손가락을 모아 한 쪽씩 간격을 맞춰 꽂아주어야 한다. 짧은 가을 해가 서쪽 산으로 넘어갈 때가 되어서야 엉거주춤 허리를 펴고 집으로 향한다. 가을 추수를 끝낸 들녘에도 하루가 다르게 계절이 바뀌어 간다. 매서운 추위가 덮치기 전에 마늘밭에 비닐을 씌워 추위를 잘 견디도록 보온을 해줘야 한 해 농사일이 마무리된다.

 여행길에서 본 남쪽 지역은 겨울이 없는 듯이 보였다. 입고 나선 두터운 외투를 벗고 싶을 만큼 날씨가 따뜻했다. 창밖에 스치는 풍경엔 배추나 시금치 같은 채소들이 푸릇푸릇 자라고 마늘잎들이 한 뼘도 더 자라 있었다. 겨울잠을 자듯 얼어붙은 우리 지역 들판과는 많은 차이가 나는 풍경이었다. 겨울에도 마트 진열대에서 만나는 풋마늘이나 봄동 같은 푸른 채소의 산지가 부럽기도 했다.

산촌의 겨울은 잠시 휴식기이다. 농경지도 가을에 곡식을 거둬들여 모두 비어 있다. 땅도 얼었다 녹기를 반복하며 기후에 저항하지 않고 스스로 담금질을 한다. 눈이 쌓였다 녹고 어느 날은 하늘이 파랗게 높다가 코끝이 얼 만큼 강추위가 몰아친다. 혹독한 추위에도 가을에 심은 마늘은 땅속에서 겨울을 견디며 봄을 기다린다.

자식들의 만류에도 김장배추와 마늘, 고추, 콩을 자식들에게 나눠줄 마음으로 농사를 지었을 것이다. 마늘밭은 어머니께서 부단히 붙잡고 놓을 수 없었던 삶의 끈이었지 싶다. 이제 어머니의 마늘밭은 주인을 잃었다.

언 땅속에서 매운 추위를 견디며 알싸한 맛을 맵게 품은 마늘처럼 어머니의 삶도 그 밭에서 일상을 견디고 삶을 일구며 사계절을 보내셨다. 소백산자락 아래 갈피갈피 마을을 이룬 촌락에 머물렀던 한기도 계절에 순응하듯 자리를 털고 떠날 채비를 하니 이제 봄이 머지않은 듯하다. 어머니가 계신 그곳도 훈훈한 봄날이길 기도한다.

걸지 못한 달력

 올해도 어느덧 끝자락이다. 아들이 건네준 새해 달력을 받아 들고서야, 또 한 해가 저물고 있음을 실감했다. 달력 한 장이 남았다는 사실이 마음을 일깨웠다. 지나온 시간들이 주마등처럼 스쳐 지나갔다. 무엇을 잃었는지, 무엇을 놓쳤는지 알 수 없지만, 분명히 소중한 무언가가 내 손을 빠져나간 듯한 기분이었다.
 책상 한 구석, 오래도록 펼쳐보지 않은 달력 하나가 눈에 띄었다. 문화예술연합회에서 제작한 달력이었다. 한 장 한 장 넘길수록 마음이 차분해졌다. 꽃 그림이 그려진 위쪽 한편, 그 옆에는 짧지만 깊은 울림을 주는 글귀가 적혀 있었다. 지나간 달의 날짜들은 작게 인쇄되어 있었고, 현재 달은 또렷하게, 다음 달은 미리 볼 수 있도록 아래쪽에 자리 잡고 있었다. 그 섬세한 구성에 감탄하며, 늦었지만 그 달력의 꽃과 글귀를 마음에 담아보았다.

예전엔 달력이 귀했다. 연말이면 아버지는 농협에서 달력을 구해와 마루 한쪽에 정성껏 걸어두었다. 절기와 농사 일정이 빼곡히 적힌 달력은 집안의 중심이었다. 배우들이 곱게 한복을 입고 찍은 사진이 실려 있는 달력은 안방에 걸렸고, 음력과 절기가 잘 표시된 달력은 어른들의 손길이 자주 닿는 곳에 걸었다. 나 역시 결혼 후엔 은행에서 주는 달력을 챙겼다. 작가들의 그림이 좋아서, 해가 지나도 그림만은 오려 벽에 붙여두곤 했다.

이번에 발견한 달력은 사용되지 않은 채 빳빳한 모습으로 남아 있었다. 아마도 두 아들이 가져다준 달력과 성당에서 받은 달력을 먼저 걸어두고, 늦게 들어온 이 달력은 벽에 걸릴 기회를 놓친 듯하다. 생각해보면, 자식들이 다니는 직장의 달력을 걸어두며 그들을 떠올리는 마음이 더 컸던 것 같다. 그래서 이 달력은 눈에 띄지 않았던 걸지도 모른다.

달력뿐일까. 가까운 사람을 먼저 생각하다 보면, 다른 이들의 좋은 점을 놓치고 지나치는 일이 많다. 얼마 전, 성당 교우들과 함께 제주도 '산들 평화 피정'을 다녀왔다. 십여 년을 같은 성당에서 지냈지만, 처음 보는 듯한 낯선 얼굴들과 함께 지내게 되었다. 그중 한 자매는 성당 교우들을 위해 농작물을 나누고, 일손이 필요할 때마다 기꺼이 나서는 분이었다. 소탈한 차림의 그녀가, 그날은 유난히 곱게 보였다. 내가 미처 보지 못했던 따뜻한 마음이 그녀에게 있었다.

 달력은 단순한 날짜의 나열이 아니다. 그것은 하루하루를 살아가는 우리의 흔적이고 기억이며 마음이다. 새해 달력을 받아 드니 삼백예순다섯 날을 선물로 받았다는 마음에 기쁘고 설렌다. 다가오는 새해에는 하루하루를 놓치지 않고, 가족과 이웃과 함께 아름답게 채워가고 싶다. 달력 한 장을 넘기듯, 마음 한 장도 정성껏 넘겨보련다.

가을걷이

　가을 들판이 분주하다. 며칠 전만 해도 누렇게 익은 벼들이 들을 가득 채웠는데 콤바인이 논배미를 분주하게 오가며 알곡을 거둬들인다. 차츰 벼를 수확한 빈 논들이 늘어난다. 수확을 마친 논으로 먹을 것을 찾아 한 무리 새들이 날아든다. 허수아비도 빈 논에 새들이 드나들도록 인심 좋게 눈감아 주는 듯하다. 이미 잎을 모두 떨어뜨리고 콩꼬투리를 주렁주렁 달고 추수하기를 기다리던 콩밭에도 손길들이 바쁘게 움직인다. 보는 것만으로도 풍요로운 가을 풍경이다.
　추수 때가 되면 농부의 수고로움을 생각하게 된다. 봄부터 가을까지 얼마나 많은 정성을 들였을지 짐작하기 때문이다. 농부를 도와 여름내 논에 들어가 친환경 작물을 기르도록 부지런히 해충을 잡아먹고 논바닥을 헤집던 오리, 미꾸라지, 우렁이도 맡은 임무를 완수하고 이미 퇴장하였나 보다. 알곡이 잘 영글기까지 농부의 발걸음이나 바람, 햇볕, 촉촉하게 내려주는 비 등 모든 것이 농작물에 영향을 준 덕이다. 그뿐이랴. 논가를 지나는 길손들도 자라는 곡식을 보며 잘 자라라는 따뜻한 마음을 보태어 더욱 튼실히 여물게 했을 터이다.

 전문 농사꾼은 아니지만, 우리 밭에도 추수를 마쳤다. 고구마를 캐고 들깨를 베어 며칠 말린 다음, 밭에 넓은 천막을 깔고 들깨를 털었다. 들깨 수확하는 과정은 예나 지금이나 크게 변하지 않았다. 농사를 많이 짓는 농가에서는 기계로 들깨를 털기도 한다는데, 우리는 그럴 만큼 양이 많지 않고 기계도 없으니 도리깨를 이용하여 수작업으로 하였다. 옆 밭에도 연로하신 할아버지 한 분이 종일 혼자서 막대기로 깻단을 두드리고 계셨다. 추수할 때마다 다음 해에는 뭐든 조금만 농사를 짓자고 다짐하지만 봄이면 또다시 물욕을 내곤 한다.

 지난봄에 씨를 뿌리지도 않은 밭 한 곳에 호박 싹이 소복이 자리를 잡았다. 작년에 제대로 여물지 않아 거두지 않은 호박에서 싹을 틔운 모양이었다. 대추나무가 자라고 있는 밭이지만 서로 피해가 되지 않으리라는 판단은 잘못이었다. 호박 줄기는 밭 한 귀퉁이를 온통 점령하고 어린 대추나무를 휘감고 올라가기도 하고 날로 세력을 확장해갔다. 뻗어가기 좋아하는 호박 넝쿨손은 대추나무를 휘감아 옴짝달싹 못하게 하여 볼 때마다 넝쿨을 떼어내곤 했다. 덕분에 호박은 이웃과도 풍성하게 나눌 만큼 풍요로움을 주었다.

추수 때는 몸도 마음도 바쁘다. 일손을 기다리는 작물은 많고 일할 사람은 부족하다 보니 예전에 어른들이 '가을에는 고양이 손이라도 빌리고 싶다'고 하시던 말씀이 실감이 난다. 풋고추나 가지, 애호박 등은 서리가 내리기 전에 거두어야 하는데 짧은 가을날에 밭을 오가며 부지런히 움직였지만, 미처 수확하지 못한 여린 작물들이 속수무책 서리를 맞았다. 갑자기 내린 서리에 호박잎은 얼었다가 푸른빛을 잃고 검게 변하여 축 늘어졌다. 기세등등하던 넝쿨들도 본연의 색을 잃어버렸다. 울창하던 잎들이 듬성듬성 시들어 버리자 호박잎에 가려 보이지 않았던 아직 푸른빛이 남아 있는 덜 익은 호박이 큰 몸통을 드러냈다. 늦게 열매 맺은 호박을 있는 힘을 다해 이렇게 익혀가고 있는 줄은 몰랐다.

덜 익은 호박을 거두어들였다. 햇볕 많이 드는 거실 한쪽에 놓아두면 스스로 익어갈 터이다. 계절의 순환을 보며 마음이 겸허해진다. 우리 삶에도 언제 겨울이 성큼 다가올지 모를 일이다. 안과 밖으로 미비한 성정을 좀 더 익혀가는 가을이면 좋겠다.

가을걷이는 수확만 하는 게 아니라, 익어가는 삶을 돌아보는 시간이다. 늦게 열린 호박처럼, 우리도 마지막까지 힘을 다해 익어가야 한다.

매듭달을 보내며

달랑 한 장 남은 달력 앞에 선다. 어느덧 한 해가 다 가버렸던가. 일 년 중 마지막 달을 우리말로는 '매듭달'이라 부른다. 이름도 어여쁘다. 한해의 끝자락에서 일 년을 잘 마무리하라는 뜻으로 매듭이라는 이름을 붙이지 않았을까. 이 무렵에는 누구나 한 번쯤 마음을 가다듬고 지난 한 해를 되돌아보게 된다. 새해에 소망했던 일들은 잘 이루었는지, 계획했던 일들은 어떻게 진행이 되었는지 달력을 보며 이런저런 생각에 잠기게 된다. 한 해를 돌아보니 우리 가족에게도 많은 일이 있었다.

새봄, 얼마나 설레었던가. 한결 따사로워진 햇살에 그늘진 곳에 남았던 눈도 녹아버리고 얼었던 땅이 풀리자 파릇한 새싹이 돋아날 때 그 신비로움은 큰 감동을 안겨주었다. 나뭇잎 하나 없는 가로수 고목에 강냉이 뻥튀기처럼 꽃이 마구마구 벙글어 사람을 거리로 불러냈다. 꽃을 보는 이들 가슴에도 하얀 꽃송이가 수없이 피어나지 않았던가. 새로운 희망으로 가슴이 부풀던 화사한 봄날, 예기치 못한 일이 찾아왔다.

네 살 손녀가 어린이집에서 벚꽃 구경을 다녀온 저녁 무렵이었다. 실내 놀이터에서 놀다가 다리를 다쳤다. 병원에서는 뼈가 부러졌다고 했다. 부기가 빠지길 기다려 깁스를 하고 두어 달을 보내야 했다. 활발하게 뛰어놀기를 좋아하는 아이다. 어린이집에도 못 가고 집에서 친구도 없이 지내던 아이의 긴 시간을 떠올리면 지금도 마음이 짠하다. 봄이 가고 여름이 올 때까지 깁스를 한 채 아이는 집에서 지냈다. 잼처 남편이 교통사고로 병원 신세를 졌다. 자동차가 많이 망가졌는데 남편이 그만하기 다행이라며 가족들은 가슴을 쓸어내렸다.

설상가상이란 말이 맞았다. 남편도 퇴원하고 손녀도 아직 깁스를 풀지는 않았지만, 부러진 곳이 붙어가고 있다니 한숨 돌리나 싶었다. 더위가 한창 기승을 부리던 여름에 며느리가 친정아버지를 잃는 참담함을 당했다. 사돈께선 작년 가을부터 투병 중에 계셨는데 몹쓸 병마를 이기지 못하고 가족들 곁을 떠나셨다. 아직 한참을 더 살 나이인데 갑작스러운 비보에 우리도 얼마나 놀랐는지 모른다. 그런데 며느리는 오죽했을까.

비록 시집은 왔다지만 아직 아버지의 사랑을 많이 받아야 할 여리디여린 딸이 아닌가. 하지만, 며느리는 본인의 슬픔을 가눌 새도 없이 남편을 잃고 힘들어하는 어머니를 챙기느라 여념이 없다. 며느리에게는 올 한 해가 얼마나 힘들었는지 가늠하기도 어렵다. 시간이 얼마나 흘러야 며느리의 슬픔이 조금 옅어질지…. 무슨 말로도 위로가 되지 않을 것이다. 섣불리 말을 꺼내어 애써 참고 있는 아픈 상처를 헤집게 될까 봐 며느리를 바라보는 마음이 애잔하기만 하다.

여름이 가고 단풍이 곱게 물들어 갈 무렵 나는 매듭 하나를 지었다. 그동안 써온 작품들을 모아 한 권의 책으로 엮어 세상에 내놓았다. 주위에는 보석을 꿰듯 유려한 문장으로 감동을 주는 글을 잘 쓰는 작가가 많다. 그런데 볼품없는 나의 글을 책으로 엮으니 민망한 마음에 주저했지만, 결국 눈 질끈 감고 용기를 냈다. 내 글이 부족함이 많음을 알지만 나와 환경이 비슷하거나 같은 경험을 한 독자는 격려가 되는 귀한 말을 해주셨다. 인사치레로 하는 말인 줄 알지만 큰 힘이 되었다. 돌이켜보니 힘든 일도 많았지만, 그냥 무심히 흘려보낸 한 해는 아닌 것 같다.

하루하루 이어지는 삶이 같은 듯하지만 날마다 크고 작은 일들이 변화무쌍하게 일어나는 것이 우리의 삶이다. 슬픔과 기쁨, 희망과 절망은 나뉘어져 있는 것이 아니라 우리 삶 속에 언제든 마주할 수 있는 것이다. 1년 365일 어찌 좋은 일만 있겠는가. 슬픔은 기쁨 속에 녹아들고 기쁨은 또 슬픔을 이겨내는 힘으로 작용해 하루하루를 견디며 사는 것이 인생 아닐까.

곧 새로운 한 해를 선물 받게 된다. 새해 달력을 보니 기념일이나 특별한 날들이 눈에 띈다. 아무런 표시가 없는 날도 누구에게는 소중하고 특별한 날이 아닐까.

"연말 잘 보내고 새해에는 따뜻하고 평안한 가정을 이루는 한 해가 되길 기원합니다."

이 인사는 올해도 변함이 없을 것 같다.

매듭달은 끝이 아니라 다시 시작을 준비하는 시간이다. 지나온 날들을 묶고 다가올 날들을 품는 마음으로, 우리는 또 한 해를 맞이한다.

내 머리 속의 지우개

갑자기 당황스럽다. 저녁 준비를 하다가 무언가 필요해 베란다에 나갔는데 뭘 가져오려고 했는지 생각이 안 난다. 김치냉장고에 있는 뭔가를 꺼내러 왔을까. 바구니에 담겨 있는 밀가루, 튀김가루, 통조림 등을 보아도 아닌 것 같다. 다시 주방으로 발걸음을 옮겼다. 아차, 찌개를 끓이다 양파가 필요해 나갔었구나. 잠깐 사이에 그렇게 깜빡 잊어버리고 엉뚱한 것만 찾다가 돌아왔다. "이런, 정신 좀 보라니." 혼자 중얼거려 보지만 석연치가 않다.

영화의 이야기도 건망증으로부터 전개된다. 〈내 머리 속의 지우개〉 주인공 수진이 편의점에서 콜라를 샀는데 지갑과 같이 계산대 앞에 놓고 그냥 나갔다. 버스를 탄 뒤 지갑이 없는 것을 알게 된 수진, 지갑과 콜라를 찾으러 다시 편의점으로 향한다. 남자 주인공 철수는 편의점 자판기에서 콜라를 꺼내 돌아서는 순간 수진과 맞닥뜨리게 된다. 느닷없이 나타난 수진, 철수의 콜라를 빼앗아 그가 보는 앞에서 벌컥벌컥 마신다. 두 사람의 만남은 그렇게 시작된다.

2004년에 개봉했던 영화를 다시 보게 되었다. 당시 많은 인기를 끌며 관객들의 심금을 울렸던 이재한 감독의 로맨스 영화이다. 주연을 맡은 정우성과 손예진이 열연을 펼치며 기억상실에 대한 무거운 주제를 사랑과 감동으로 섬세하게 그려냈다. 다시 보게 된 스크린 앞에서 또 한 번 봇물 터지듯 흐르는 눈물을 주체하지 못했다. 어쩌면 개봉 당시 영화를 보았을 때보다 감정이입이 더 되었지 싶다. 주위에서 어렵잖게 기억을 잃어가는 어른들을 보아왔고, 이미 황혼기에 접어든 나이인지라 치매에 대한 두려움에 자유롭지 못한 이유이기도 하리라.

여주인공은 젊고 발랄한 패션 디자이너 수진이다. 같은 회사에서 유부남과 사귀다 어딘가로 같이 떠나려 했으나 그 남자는 끝내 약속 장소인 기차역에 나오지 않았다. 두 주인공의 인연은 수진이 유부남과 결별하며 힘들어하는 그 시점이다. 철수는 어려서 엄마에게 버림을 받고 절집의 대목수에게 맡겨져 자라게 된다. 목수 일을 배우며 성장하여 건설 현장에서 일을 하고 있는데 우연의 일치일까. 그곳은 수진의 아버지가 소장으로 있는 공사 현장이다. 철수는 건축설계사 자격증도 취득하고 성실하게 사는 청년이다.

철수는 불우한 어린 시절 상처로 수진의 사랑을 쉽게 받아들이지 못한다. 자신을 버린 엄마에 대한 분기탱천하던 마음, 꽁꽁 얼어붙었던 그의 가슴도 따뜻하고 진실한 수진의 사랑으로 눈 녹듯 녹아내린다. 상처를 치유받으며 마음에 따뜻한 사랑의 씨앗을 키운다. 수진의 적극적인 사랑 앞에 결국 철수도 마음에 문을 열고 두 사람은 결혼하여 알콩달콩 살아간다. '용서는 마음에 방 한 칸 내어주는 거'라는 수진의 명대사에 철수는 설득되어 엄마를 용서하기에 이른다.

꿈 같은 신혼생활도 잠시였다. 두 사람은 수진이 알츠하이머병이라는 난관에 봉착하게 된다. 처음엔 믿기지 않아 부정하기도 했지만, 하루하루 기억을 잃어가며 절망하는 수진에게 철수는 "내가 너의 기억이고 마음이야."라며 "네가 기억을 잃어도 내가 널 기억할게."라고 한다. 철수는 수진이 사랑하는 남편을 보며 옛 남자의 이름을 불러도 그녀의 얼굴을 보고 능청스럽게 대답하고는 돌아서서 눈물 훔치는, 속이 여린 남자다. 그의 다소 거칠어 보이는 뒷면에 가슴 절절한 순애보를 지켜보노라면 마음이 흥건히 젖을 수밖에 없다.

　친정아버지도 돌아가시기 전 치매로 기억을 잃었다. 그래도 자식들 얼굴은 끝까지 기억해 주어서 지금도 감사하다. 남동생이 모시고 살았는데 처음엔 깜빡깜빡 잊는 일들이 잦아지다가 차츰 안 좋아져서 주간보호센터를 거쳐 요양원 입소 후 몇 개월 뒤 다시는 못 오실 곳으로 떠나셨다.

　연배가 비슷한 지인도 심하지는 않지만 치매 증세를 보여 왔다. 과거에 직장을 다니면서도 건강을 위해 열심히 운동하고 활기차게 생활하던 그녀이다. 이십여 년을 모임에서 보아 온 터라 모두 친근하다. 그녀는 요즘 엄마들 수다에 한 발짝 물러나 있다. 같이 대화를 해보려고 의견을 묻거나 말을 시키면 짧게 대답하고 다시 조용해진다. 우리는 "아직 그럴 나이도 안 되었는데." 하며 안타까워하지만 어떻게 막을 수 있겠는가. 그녀의 변화는 우리 모두에게도 큰 충격으로 다가온다. 말은 안 하지만 우리도 언젠가 기억을 잃어갈 날들과 마주하리라는 걱정을 내심 하고 있기 때문이다.

　스크린에 펼쳐지는 너무도 아름다운 사랑 앞에 이별이 찾아왔다. 점점 기억을 잃어가던 수진이 잠시 정신이 맑을 때 철수에게 편지를 쓴다. "나 김수진은 최철수만 사랑한다. 이것만은 잊고 싶지 않다."라고 남기고 어디론가 떠났다. 철수는 수진을 찾아 헤매다 수진이 보낸 편지 주소를 보고 요양원으로 찾아가 두 사람이 만나게 된다. 그토록 사랑하던 남편의 얼굴마저 잊어버린 아내 수진에게 철수는 잠시라도 기억을 되찾게 하려고 온갖 노력을 기울인다. 두 사람이 차를 타고 어딘가로 떠나는 장면으로 영화는 끝이 났다.

이십 년이라는 나이테를 더 새기며 시간은 그냥 흘러가지 않았다. 〈내 머리속의 지우개〉 이 영화를 사십 대에 보았을 때는 젊은 부부의 지극한 사랑에 하필이면 치매라는 장애물을 설정했을까, 원망스럽기도 했다. 요즘은 백세시대라고 한다. 주위에 어르신들을 보면 평균수명이 높아진 건 분명하다. 그렇지만 몸과 마음이 건강하게 장수하는 사람은 흔치 않다.

지방 소도시인 우리가 사는 곳도 고령 인구 비율이 매우 높다. 아파트 단지 근처에도 재가 복지 센터나 노인요양원 시설이 날로 늘어난다. 거동이 불편해서 또는 치매로 누군가의 도움이 없이는 일상생활이 어려운 환자가 많다는 이야기이다. 앞으로 건강하게 살 수 있는 나의 삶은 몇 년쯤 남았을까. 소중한 추억이나 가족들, 사랑하는 사람들을 기억하지 못하는 날이 온다고 생각하면 암울하다. 건망증이 있을 때마다 걱정도

된다. 건강을 관리하며 맑은 정신으로 살도록 노력하는 수밖에 도리가 없다. 보고 듣고 오감을 느낄 수 있음을 감사히 여기고 살아야겠다. 지금, 이 순간을 소중히 여기며….

제3부

초록길에서 마주한 풍경

- 초록길에서 마주한 풍경
- 서리 내린 날
- 소풍
- 오리 쉼터
- 눈 내리는 날의 삽화
- 단오 무렵
- 의림지뜰 모심기
- 철 모르고 핀 꽃
- 버팀목이 되어주는 사람들
- 비채길
- 댑싸리 빗자루
- 감나무가 있던 자리

초록길에서 마주한 풍경

 산책길에 나섰다. 논길에 접어드니 길옆으로 무궁화 꽃나무가 도열하듯 서서 길을 걷는 이들을 마중한다. '삼한의 초록 길' 걷기는 평지라 부담도 없고, 오가는 길에 예쁜 꽃들이 즐비해 눈요기는 덤이라 할 수 있다. 청전뜰에는 미꾸라지, 메기, 오리 등을 이용한 친환경 농법으로 농사를 짓는 논들이 있다. 초록 물결 넘치는 논에는 어느새 벼 이삭이 뾰족이 올라오고 있다.
 이 길을 걷는 사람은 다양하다. 산책길 양옆에 자전거 도로가 있어 자전거를 타는 사람, 마라톤을 하는 이, 유모차에 아기를 태우고 걷는 젊은 부부, 두 손을 꼭 잡고 걷는 연인들, 애완견을 데리고 나오는 사람도 점점 늘어나고 있다. 가끔은 남편과 또는 가까이 사는 친구와 걸을 때는 이런저런 사는 이야기를 나눌 수 있어 좋다. 오늘처럼 혼자 걸을 땐 조용히 사색하며 걸으니 그 시간도 나름 괜찮다. 자주 만나게 되는 노부부는 할머니 걸음이 조금 불편해 보이지만 할아버지의 보살핌으로 꾸준히 걸으시는데 지난봄보다 할머니의 건강이 좋아진 듯 보인다. 모두가 각양각색의 모습이지만 같은 길 위에서 건강을 위해 걷기에 열중하는 사람들이다.

초록길은 꽃길이다. 봄부터 유채꽃, 마가렛, 금계국 등 여러 종류의 꽃들이 피었다가 지고 계절에 따라 새로운 꽃들이 피어난다. 지금은 금불초가 피어서 제법 오래 하얀 불을 밝히고 쑥부쟁이, 벌개미취가 막 꽃송이를 피우고 있다. 한들한들 여린 꽃들이 무리 지어 피는 모습은 참으로 곱다. 키 작은 흰색 금불초꽃 무리 속에 그야말로 노란색 뚱딴지꽃이 생뚱맞아 보일 수도 있을 터이지만 꽃들은 있는 그대로 어울려 또 다른 풍경을 만들며 살아간다.

언제부터인지 걷기 예찬론자가 된 듯하다. 예전엔 웬만한 거리는 걸어서 다녔다. 자동차 운전을 하고부터 가까운 거리도 차를 이용하는 습관이 들었다. 요즘은 가까운 산을 걷거나 이곳 초록길을 주로 걷는다. 몇 해 전 실내 운동을 하는 센터에 다녀 보았는데 좋은 점도 있지만, 어느 곳에 매인다는 불편함과 많은 사람이 북적대는 공간이 내게 편하지 않았다. 바깥 공기를 마시며 농작물이나 계절마다 피어나는 꽃들을 보며 길을 걷다 보면 마음에 쌓였던 일상의 스트레스도 없어지고 몸도 가벼워진다. 무엇보다 하루하루 달라지는 자연과 교감하며 때로는 빨리 또는 천천히 걷는 즐거움에 빠진다.

걷다 보면 많은 생각을 하게 된다. 때로는 좀체 풀리지 않을 것 같은 일들도 길을 걷다 보면 자연스레 매듭이 풀릴 때가 있지 않던가. 씨 뿌리고 가꾸지 않은 이름 모를 작은 풀꽃을 보며 마음이 숙연해진다. 애써 가꾸는 꽃들 옆에서 자신의 할 일을 다 하는 여린 꽃들이 대견하게 보인다. 계절이 바뀔 때마다 자연의 순리에 따라 피어나는 꽃들을 보며 오만한 마음도 슬며시 내려놓게 된다.

날씨가 더울 때는 이른 아침이나 저녁 시간에 걷는다. 우리는 예기치 못한 전염병으로 인해 가슴 졸이며 긴 시간을 바깥 활동도 마음껏 못하며 힘겨운 터널을 빠져나왔다. 그때도 이 길은 큰 위안이 되어주었다. 사람과 사람이 마음 놓고 마주 보며 음식을 나누지 못하고 소통을 마음껏 할 수 없었던 그런 시기에 이 길이 없었다면 얼마나 더 답답했을까. 누구나 착용한 마스크에 표정이 가려져 제대로 볼 수 없어도 어려운 상황이 얼른 끝나기를 바라는 마음은 모두 같았으리라. 같은 길 위에서 한발 한발 걷고 있다는 것이 그들과 굳이 대화하지 않아도 같은 마음으로 서로가 위안이 되지 않았을까.

초록길 끝에는 의림지가 있다. 삼한시대에 축조된 의림지는 관개灌漑 기능을 지금도 톡톡히 수행하고 있다. 길옆으로 의림지 물을 이용하여 농사를 짓는 청전뜰 논들이 이어지고 있는데 수로가 젖줄처럼 어디든 연결 되어 있다. 웬만한 가뭄에는 저수지 물이 마르지 않으니 다른 지역에 비해 복 받은 고장이 아닐까 싶다. 농수로를 흐르는 물소리는 길을 걷는 이들의 발걸음을 한결 경쾌하게 해준다. 아득하게 오래전부터 이어진 물길을 따라 걸어서 못 둑에 닿는다. 의림지 못을 반환점 삼아 한 바퀴 돌아오면 사람과의 관계에서 쌓였던 잡다한 생각들, 나도 모르게 싹트는 욕심들도 지우고 잠재우게 된다.

길가에 있는 정자에 노부부가 앉아 휴식 중이다. 남편에게 물을 건네는 할머니 모습이나 걸을 때 옆에서 아내가 넘어질세라 극진히 대하는 할아버지 모습에서 부부의 애틋함이 묻어난다. 결혼식장에서 또는 광고에서 덕담으로 "꽃길만 걸으세요."라는 말을 종종 듣게 되는데 아름다운 꽃도 계속 보면 시들해진다. 처음 꽃을 마주했을 때 그 어여쁨에 감탄하던 마음은 시간이 흐르며 차츰 옅어지고 어느새 당연한 풍경처럼 여겨진다. 익숙함은 감동을 무디게 하고 아름다움조차 일상의 배경으로 스쳐 지나간다.

하지만 마음이 평화로울 때는 다르다. 길가에 핀 풀 한 포기, 무심히 놓인 돌멩이 하나도 눈에 들어오고, 그 안에서 아름다움을 발견하게 된다. 결국 가장 아름다운 꽃길은 밖에 있는 것이 아니라, 우리 마음속에 피어나는 것이 아닐까.

석양에 물든 노부부의 모습은 꽃들 못지않게 아름다워 보인다. 오랜 세월 함께 길을 걸어온 부부가 저토록 애틋한 모습이면 두 분이 걸어온 삶이 아름다운 꽃길이 아니었을까 여겨진다. 지는 노을이 아름다운 까닭을, 길을 걸으며 새삼 느끼는 날이다.

서리 내린 날

　시월에 접어들자 갑작스러운 한파가 찾아들었다. 밤사이 기온이 영하로 떨어지며 배춧잎과 금잔화 꽃송이 위로 서리가 하얗게 내려앉았다. 아침 햇살이 퍼지고 오후가 되자, 고추며 가지, 호박 잎사귀들이 마치 끓는 물에 삶아 놓은 것처럼 축 늘어졌다. 예전 어른들이 서리 맞은 식물을 두고 "푹 삶았다"고 하던 말이 떠올랐다. 당시에는 그 표현이 의아했지만, 오늘 서리 맞은 잎들을 바라보니 절로 고개가 끄덕여진다.
　이른 된서리였다. 서리는 맑은 날 밤, 기온이 영하로 떨어질 때 공기 중 수증기가 땅이나 물체에 닿아 고운 얼음으로 엉기는 현상이다. 대개 무서리가 몇 차례 내린 뒤에야 된서리가 찾아오지만, 올가을엔 기온이 급격히 떨어지며 식물들이 밤사이 얼어붙었다. 생장을 멈춘 채, 그 자리에서 멈춰버린 식물들의 모습은 자연의 섭리 앞에 얼마나 나약한 존재인지 다시금 깨닫게 한다.

'서리'라는 말은 자연 현상일 뿐 아니라, 삶의 비유로도 자주 쓰인다. 예상치 못한 시련이나 타격을 입은 사람을 두고 "된서리 맞았다"고 표현하기도 하고, 병치레가 잦은 사람을 "서리 맞은 병아리처럼 비실비실하다"고 말하기도 한다. 나이가 들어 머리카락이 희어지는 것도 "서리 내렸다"고 한다. 서리는 단순한 기후 현상을 넘어, 인간의 삶 속에서 겪는 아픔과 쇠퇴, 그리고 그 속에서 피어나는 인내와 회복의 상징이기도 하다.

밭을 둘러보던 중, 검게 늘어진 호박잎들 사이에서 덜 익은 큰 호박 하나를 발견하였다. 서리로 인해 줄기와 잎이 얼어버려 호박이 보호막을 잃은 채 홀로 남겨졌다. 마치 부모를 잃은 어린아이처럼, 기온에 떨고 있는 모습이 안쓰러웠다. 애호박이라면 반찬으로, 늙은 호박이라면 호박죽으로 쓰일 수 있겠지만, 이 호박은 그도 저도 아닌 덩치만 큰 덜 익은 호박이었다. 짙은 녹색을 막 벗어난 묵직한 호박을 안고 집으로 왔다.

가을이 깊어가며 호박잎은 끊임없이 새순을 키워냈다. 아직 양분을 공급해야 할 열매가 있었기 때문이었다. 생명력은 보호해야 할 존재가 있을 때 더욱 강해지는 법이다. 문득, TV에서 본 손주를 키우는 노부부의 모습이 떠올랐다. 아들을 먼저 떠나보내고, 노쇠한 몸으로 손주를 돌보며 폐지를 줍는 그의 삶은 고단했지만, 손주를 향한 사랑이 하루하루를 버티게 하는 힘이었다.

식물이나 사람이나, 나약함은 다르지 않다. 계절의 순환에 따라 자연의 섭리에 순응하며 살아가는 모습은 닮았다. 우리의 삶에서도 어느 날 갑자기 된서리를 맞을 수 있다. 예상치 못한 시련이 찾아오고, 삶의 흐름이 멈추는 순간이 있을 수 있다. 하지만 식물들이 된서리를 맞고도 땅속에서 다시 싹을 틔우듯, 우리도 그 멈춤을 견디고 나면 다시 봄이 찬란하게 찾아올 것이다.

서리 맞아 성장을 멈춘 식물들을 바라보며, 언젠가 우리의 삶에도 멈춤이 있다는 사실을 상기한다. 그 멈춤은 끝이 아니라, 다음 계절을 준비하는 시간일지도 모른다.

소풍

 한참을 사진 앞에 서서 발길을 떼지 못하고 있다. 친구들과 함께 고향 인근의 불교박물관을 찾았다. 유물들을 관람하고, 사찰의 오래된 모습을 담은 사진전을 둘러보던 중, 한 장의 흑백사진이 우리의 눈을 반짝이게 했다. 사진 속 아이들의 얼굴을 하나하나 훑어보느라 누구랄 것 없이 눈에 불을 켜고 있었다. 진열대에 바짝 붙어선 나도 아는 얼굴을 찾느라 눈길이 바쁘다. 뒤에 서 있는 친구들의 침 삼키는 소리, 숨소리마저 들릴 만큼 잠시 조용하다가, 이내 봇물 터지듯 친근한 이름들이 하나둘 불려지고 반가움이 터져 나온다.
 초등학교 4학년 때 가을소풍 사진이다. 고향 지역에 있는 조그만 사찰이 이름이 차츰 알려지고 신자들이 많이 찾아오기 시작한 시기였다. 학교에서 소풍을 그 사찰로 가게 되었다.

줄 맞춰 부동자세를 취하지 않은 모습이 자연스러우며 표정들은 다채롭다. 사진에는 남자애들이 많고 여자애들은 거의 없었다. 눈을 크게 뜨고 다시 한 번 살펴봐도 내 얼굴은 보이지 않았다. 소풍을 그곳으로 갔던 기억은 있는데 다른 여자 친구들도 마찬가지로 없다고 한다.

열 살을 막 넘긴 귀여운 소년들이다. 크게 확대된 사진이지만 워낙 많은 인원이 한 컷에 들어 있어 얼굴은 자그만하게 보인다. 한 친구는 소풍날이라고 그 시절 귀한 모자를 쓰고, 또 다른 친구는 가방까지 어깨에 걸치고 있다. 촌티가 날 줄 알았는데, 지금 보아도 제법 세련되게 보인다. 굵은 뿔테안경을 쓴 친구는 모두가 단박에 알아보았다. 대부분 빡빡머리에 엇비슷한 옷차림이지만 표정만은 티 없이 밝은 모습이다. 이순 고개를 훌쩍 넘긴 시점에서 반세기 세월을 뛰어넘어 타임머신을 타고 잠시 돌아간 느낌이다.

한 해의 끝자락에 송년회라는 이름으로 친구들이 고향에 모였다. 어린 시절부터 지금껏 자주 얼굴을 보아오던 친구도 있지만 외국 생활을 오래 하다 돌아온 친구, 같은 하늘 아래 살고는 있지만 아주 오랜만에 얼굴을 보는 친구도 있다. 삼 년 만에 만남이 이뤄지다 보니 우리에게도 더더욱 세월의 흔적이 묻어 있다. 어느새 이런저런 이유로 영영 만나지 못할 친구들도 하나둘 늘다 보니 한 해를 보내는 이때가 되면 아쉬운 마음이 가득하다.

 사진 속 아이들만 한 손주들이 있는 친구들도 여러 명 있다. 그런데도 어릴 적 친구들이라 그런지 만나면 그저 개구쟁이 시절로 돌아간다. 각자 흩어져 살아도 결혼하여 가정을 꾸리고 가장으로 또는 한 가정의 안주인 역할을 톡톡히 해내며 살아온 친구들이다. 이제 중요한 직책들을 내려놓고 일자리에서 한 발짝 물러난 입장들이 고만고만하니 서로를 보며 석양을 향해 가고 있음을 가늠한다. 사진 속 날짜를 보니 가을의 어느 날, '가을소풍' 날이다.

 우리는 지금 생의 가을소풍 중이다. 소중한 친구들과 만나 삶의 이야기를 나누며 머무는 하루가 천천히 흘렀으면 좋겠다. 지금껏 그래왔듯이 우리 앞의 생을 잘 걸어갈 것이다. 오늘의 소풍도 한 장의 사진처럼 우리 마음에 오래오래 남아 있으리.

오리 쉼터

제천 의림지 뜰에는 뙤약볕 아래 열심히 일하는 오리들이 있다. 친환경 농법으로 미꾸라지, 메기, 우렁이, 오리를 논에 넣어 농사를 짓는 곳이다. 모내기가 끝난 논에 조그만 새끼 오리들이 논에 들어가 우르르 몰려다니는 모습이 보기 좋아 가끔 찾아가 본다.

무덥던 여름날, 산책길에 지나다 보니 논 가장자리 논둑에 천막이 쳐져 있고 '오리 쉼터'라는 현수막이 붙어 있었다. 오리를 생각하는 농부의 마음이 전해져 가슴이 뭉클했다.

오리들만 차별 대우하는 걸까. 생각해 보니 메기, 미꾸라지, 우렁이는 물속에서 살아가는 것들이니 땅 위에 올라올 일이 없어 따로 쉼터가 필요치 않을 터이다. 반면, 오리들은 물에서도 생활하지만, 땅 위에 나와서 쉬기도 하고 돌아다니니

불볕더위를 피하라고 쉼터를 만들어 준 것이다. 산책하다 한 번씩 발길을 멈추고 오리나 우렁이를 살펴보게 된다. 어느 날 밤 가던 길을 멈추고 '오리들이 무엇을 할까. 밤이니까 잠을 자나?' 하고 쉼터와 논을 들여다봐도 오리들은 보이지 않았다. 아쉬운 마음을 뒤로하고 가다 보니 쉼터에서 멀지 않은 논바닥 벼 사이에 하얀 오리들이 보였다. 먹이활동을 하는지 수시로 머리를 구부려 부리를 논바닥에 들이밀곤 했다.

 친환경 농법에 대한 안내문도 있었다. 친환경 농법은 미꾸라지, 우렁이, 오리, 메기 이들이 논바닥을 헤집고 흙탕물을 일으키며 돌아다녀 잡초가 자라지 못하고 벼 뿌리에 산소를 공급해 뿌리를 튼튼하게 해 준다. 물속에 자라는 해충들과 수생 잡초는 이들의 먹이가 되어 없애주니 농부의 일손을 덜어 준다. 배설물들은 토양에 거름이 되어 농약이나 화학비료에 의존하던 농업에서 친환경 농법으로 전환하는데 크게 영향을 미치니 환영할 만하지 않은가. 수질 오염을 줄이고 토양을 살린다니 이보다 좋은 농법이 있을까 싶다.

 이는 농부의 믿음이 이룬 결과가 아닐까. 유년 시절 시골집에는 언제나 닭장에 몇 마리 닭들이 있었다. 따뜻한 봄, 암탉이 달걀을 품어 병아리가 부화하면 닭을 마당에 풀어 놓았다.

암탉은 노란 병아리들을 몰고 마당 가나 처마 밑, 울타리나 담장 밑만 헤집고 다니는 게 아니었다. 집 앞 너른 밭에 마음대로 들어가 애써 심어놓은 고추 모종이나 채마밭 채소들을 가리지 않고 쪼아댔다. 닭들을 마음껏 놓아기르지를 못했던 기억이 있던 터라 오리나 우렁이 등이 벼를 해치지 않는지 의문이 갔다. 처음 이 농법을 시작한 사람은 모르긴 하여도, 농부는 심어놓은 벼를 해치지 않는다는 굳건한 믿음으로 시작했을 것이다. 오리들 또한 농부의 믿음에 힘입어 벼 모종은 보호하고 해충이나 잡초를 없애주니 농부는 그 보답으로 쉼터까지 제공하지 않았나 싶다. 물론, 많은 연구와 실패도 겪었을 터이다. 그 노력과 믿음이 이렇게 친환경 농법을 할 수 있는 초석이 되었으리라.

동물과 사람과의 사이에 신뢰와 사랑은 종종 볼 수 있다. 사냥견이 주인에게 충성하는 모습도 서로 간에 신뢰가 없으면 볼 수 없는 일이다. 시골에 홀로 계시는 어머니 집에는 들고양이들이 수시로 드나든다. 형제 중에 시누이 하나가 유독 고양이를 좋아한다. 사료를 사다 놓고 집에 올 때마다 고양이 밥그릇을 닦고 밥상 차리듯 물과 사료를 챙겨준다. 눈에 띄지 않으면 고양이들을 찾아 나서기도 한다. 시누이는 쓰지 않는 농자재를 쌓아두던 헛간 같은 창고에서 사람들 눈을 피해 새끼를 낳아 기르는 모습을 보고 어르고 달래며 소통한다. 시누이는 가끔 집에 내려와 잠깐씩 머문다. 어머니도 이런 딸의 행동을 마뜩잖아하시지만, 하는 수 없이 딸의 부탁을 받고 고양이 먹이를 챙기셨다. 고양이는 가끔 생쥐를 잡아 어머니 앞에 보란 듯이 내놓는다. 보살핌을 받는 보답으로 그리한다고 어머니는 믿으셨다.

  우리는 밭농사를 짓고 있다. 각종 채소와 들깨, 고구마, 옥수수 등 밭작물을 심어 가꿔 온 지 이십여 년 가까이 되었다. 토양을 살리고 작물에 해를 주지 않으려고 제초제를 쓰지 않는다. 가능한 농약을 자제하며 농사짓고 있다. 남편은 여름이면 풀과 전쟁을 치른다. 수시로 예초기를 들고 깎지만 돌아서면 자라는 잡초의 위력은 대단하다. 손이 덜 가는 과수나무를 여러 종 심어놨는데 해충은 어디서부터 생겨나는지 번식력이 대단하다. 친환경이니 뭐니 하다가도 때로는 두 손 들고 포기하고 싶을 때도 있다. 그렇지만 날로 심각해지는 환경과 식탁에 오르는 먹거리를 위해 수고를 감내하고 있다.

  오랜만에 오리 쉼터에 가보았다. 아침저녁 기온도 선선해졌고 쉼터에서 쉬고 있는 오리를 볼 수 있으려나 싶었는데 한발 늦은 듯하다. 오리들이 일하던 논에 벼들을 바라보니 어느새 도화稻花를 조롱조롱 달고 벼 이삭을 살찌우고 있다. 초여름부터 논에서 일하던 오리들은 임무를 완수하고 이미 철수한 듯하다. 지난여름 무덥던 여름날 오리, 메기, 미꾸라지, 우렁이 그들의 노고가 의림지 뜰에서 알알이 영글어 간다.

눈 내리는 날의 삽화

하루 종일 눈이 내렸다. 오래된 노송 위, 주택가의 지붕과 장독대, 골목길의 산수유나무까지, 각각의 결에 따라 눈이 소복이 쌓였다. 온 세상이 하얗게 덮인 풍경 앞에 감탄하지 않을 사람이 있을까. 그러나 그 감탄도 잠시, 곧 미끄러운 길을 걱정하게 되니, 사람의 마음이란 참으로 변덕스럽다.

눈이 쌓인 풍경을 잠시 보다가 금세 마음이 무거워졌다. 관리실 직원들이 주차장과 사람들이 많이 다니는 길에 넉가래를 들고 눈을 치우고 있었다. 아침부터 내리는 눈이 오후가 되어도 그칠 줄을 몰랐다. 늘 눈 치우는 일이 힘들겠다고 생각만하다가 오늘은 넉가래를 들고 눈 치우는 일에 합류했다. 겨우 삼십 분 정도 눈을 치웠는데 힘들었다. 관리실 직원들은 정문 밖 인도까지 염화칼슘을 뿌리고 오솔길처럼 길을 내느라 늦은 시간까지 바빠 보였다.

하얀 눈은 떡가루 같다. 소복이 쌓인 눈을 바라보던 어느 날, 친구는 솜사탕 같다고 했지만, 나는 시골에서 자란 탓인지 떡가루가 먼저 떠올랐다. 불린 쌀을 디딜방아에 곱게 빻아 고운 체로 치면, 보드라운 흰 쌀가루가 눈처럼 소복이 쌓인다. 그 모습이 생각나 마음 깊은 곳의 기억을 건드린다.

눈이 내리면 농촌에서는 딱히 할 일이 없다. 어느 집에서 곱게 빻은 쌀가루에 밤, 대추, 콩, 호박 말랭이 등을 섞어 마구설기라도 쪄내는 날이면 떡 한 대접 수북이 담겨 이 집 저 집으로 전해졌다. 식구가 많은 집 아이들은 입맛만 다신 것이 아쉬워 엄마를 졸라 떡을 해달라곤 했었다. 먹을거리가 곤궁하던 시절을 살아온 탓인지 하얀 눈을 보면 그때의 떡가루가 생각난다.

넉넉하진 않아도 마음마저 옹색하진 않았던 것 같다. 유년 시절 눈이 내리면 마냥 즐거웠다. 차 한 대 지나갈 만한 비포장도로 완만한 언덕길을 눈썰매장으로 만드는 일은 시골 아이들에게 어려운 일이 아니었다. 마을이 크지 않아도 아이들이 많은 시절이었다. 뜻하지 않은 놀이터가 생겼으니, 어찌 그 놀이를 즐기지 않겠는가. 눈이 다져져 빙판이 되어 반들반들거렸다. 아이들은 어둑어둑할 때까지 눈썰매 타는 즐거움에 빠졌다. 어른들이 지나다가 "이놈들아, 길을 이리 만들어놓으면 어쩌냐." 하며 호통을 치면서도 우리들의 즐거운 놀이를 더 이상 만류하지는 않았다.

눈을 보면 마음속 아름다운 삽화 하나가 떠오른다. 은퇴 후 주차 관리 일을 오래 하셨던 팔순 어르신이 이웃에 계신다. 몇 해 전 제천 지역에 폭설이 내렸던 날, 어르신은 평소보다 일찍 출근했는데 주차장 앞의 눈이 모두 치워져 있었다. 알고 보니 힘들 아버지를 생각해서, 전날 밤늦게 아들과 며느리가 와서 눈을 치우고, 새벽엔 딸과 사위가 나와 밤새 내린 눈을 치우고 돌아간 것이었다. 이 시대에 보기 드문 젊은이들이라는 생각에, 그 장면은 내 마음에 아름다운 삽화로 각인되었다. 마치 초등학교 교과서에 실렸던 '의좋은 형제' 이야기처럼. 가을 추수 날 밤, 형은 동생네 논으로, 동생은 형네 논으로 볏단을 옮기던 그 장면처럼 말이다. 서로를 생각하는 마음이 눈처럼 소복이 쌓여, 조용히 따뜻함을 전해주는 풍경이었다.

오늘 내린 눈은 오래갈 것 같다. 내일부터는 기온이 뚝 떨어진다고 하니 강추위가 예상된다. 겨울에 눈이 내리지 않아도 문제지만, 눈 내리고 추운 날씨는 자연의 이치다. 선물이라 여기며 겨울을 보내야겠다. 우리의 이웃들도 마음만은 따뜻한 겨울을 보내길 기원한다.

단오 무렵

 단오 무렵이 되어서일까. 혜원 신윤복의 〈단오풍정〉에 눈길이 간다. 노랑 저고리에 빨간 치마를 입은 여인은 그네를 타고, 그 뒤에는 흰 저고리에 남빛 치마를 입은 여인이 펑퍼짐하게 앉아 풀어헤친 가체를 매만지고 있다. 깊은 산중인가, 개울에서는 서너 명의 여인이 웃옷을 훌러덩 벗고 치마를 걷어 올린 채 몸을 씻고 있다. 게다가 젖가슴이 저고리 밑으로 다 나온 채 보따리를 이고 오는 여인도 있다. 앞치마를 두른 것을 보니 음식을 이고 오는 모양이다.
 여인들이 하루 쉴 수 있는 단옷날이지 싶다. 깊은 산 속에서 한바탕 흥겨움이 벌어지는 것 같다. 아니, 바위 뒤에서 두 동자승이 여인들을 훔쳐보고 있지 않은가. 그들에게 엄청난 구경거리인 듯 흥미진진한 표정이다. 여인들은 그들이 보고 있는 것을 아는지 모르는지 관심도 없다. 설사 안다고 해도 워낙 애송이들이라 신경을 쓰지 않을지도 모른다. 이 그림을 볼 때마다 몸을 씻는 여인들을 훔쳐보는 장면 때문에 웃음이 난다.

음력 오월 초닷새인 단오는 여름이 시작되는 절기이다. 예전에는 설, 한식, 추석과 더불어 4대 명절 중 하나였다고 한다. 농경사회에서 모내기를 마친 이맘때면 마을 사람들이 모여 풍년을 기원하며 단오제를 지낸 것이 세시 풍습으로 전해지고 있다. 산업화를 거쳐 디지털 시대로 넘어온 지금은 그 명맥이 아주 희미하게 남아 있다. 더러는 단오굿을 하는 마을도 있다. 그중 강릉 단오제가 가장 성대하게 이루어지고 있고 지자체나 농촌지역에서 소규모 단오제 행사를 여는 곳이 있다고 한다.

단오를 대표하는 놀이가 그네타기다. 이몽룡도 단옷날 그네 타는 성춘향을 보고 연정을 품게 되었다지 않는가. 그네는 여자들만 타는 것이 아니었다. 남자들도 함께 즐기는 놀이로 고향마을에서는 단옷날, 서낭당 옆 큰 나무에 그네를 매어두고 젊은 여인과 청년들이 그네를 탔다. 혼자서 또는 둘이 함께 쌍그네를 타며 힘찬 환호성을 지르며 즐겼다. 구경꾼들은 그네를 따라 고개가 올라갔다 내려갔다 하며 같이 즐거워했다. 그네가 높고 줄이 굵고 길어서 어린 우리는 그 옆에 가지도 못했다. 아마도 우리 마을에서도 이몽룡과 성춘향처럼 단오를 계기로 사랑의 불씨가 타오른 이들이 있지 않았을까.

단오에는 수리취로 떡을 해 먹었다. 수리취는 취나물과 비슷하지만, 잎사귀가 더 크고 잎사귀 뒤에 솜털 같은 하얀 털이 있으며 식감이 취나물보다 조금 더 질기다. 우리 마을에서는 수리취를 떡취라고 불렀다. 아마도 떡을 만들어 먹는 나물이라고 해서 붙여진 이름이리라. 수리취떡은 수리취를 삶아 불려놓은 찹쌀을 시루에 찔 때 위에 얹는다. 한 번 더 찐 다음 안반에 놓고 떡메로 쳐서 콩가루를 묻혀 인절미를 만들었다. 읍내에 떡방앗간이 생긴 후엔 멥쌀에 수리취를 넣어 절편을 만들어 먹기도 했다. 이즈음엔 수리취 대신 쑥떡을 쉽게 접할 수 있다. 떡을 먹은 남정네들은 씨름판을 벌여 힘을 겨루었는데 체력 단련도 하고 놀이도 되었다.

이러한 우리 전통은 차츰 그 풍습을 잃어가고 있다. 설이나 추석은 아직도 큰 명절로 삼아 온 가족이 모여 함께 보내지만, 단오나 한식을 명절로 여기는 사람은 거의 없다. 놀이나 문화도 마찬가지다. 외국인과의 교류가 많은 시대이다 보니 외국에서 들어온 풍습이 우리 문화에 많이 스며 들었다. 남의 떡이 더 커 보인다고 했던가. 젊은 세대들은 외국 문화가 더 좋아 보일 수도 있을 터이다. 할로윈데이, 쵸콜렛이나 사탕을 주고받는 날 등이 문화로 정착 되어가고 있다.

단오에 선물을 주고받던 우리 풍습도 있다. 여름이 시작되는 시점에 더위를 잘 물리치라는 뜻으로 부채를 선물하는 풍습이다. 나도 오래전 민화가 그려진 부채를 선물 받은 적이 있다.

며칠 전 해외여행에서 돌아온 지인이 외국에서 겪은 이야기를 들려주었다. 여행 중 만난 외국인 가족들이 한국인임을 알고 오징어게임에 나오는 놀이를 같이 하자고 해, 잠시지만 외국인과 금세 친숙하게 지냈다고 했다. 영화를 통해 전래 놀이, 음식문화, K팝 이야기 등 한국의 문화에 대해 많이 알고 있어 그들과 소통하며 어깨가 으쓱했다고 했다.

단오 무렵은 양기가 가장 왕성한 시기라고 한다. 수리취나 쑥, 창포잎에 함유된 성분이 우리 몸에 가장 좋은 영향을 미치는 때가 아닐까 싶다. 때맞춰 음식과 놀이를 통해 체력을 단련하며 다가올 무더위를 대비했던 우리 선조들의 지혜가 돋보인다. 단오가 곧 다가온다. 올해에는 단오 행사가 열리는 곳으로 발걸음을 옮겨 그네를 뛰고 싶다. 바람을 가르며 높이 오르는 그네처럼 잊혀가는 전통도 다시 마음속에 높이 떠오르기를 바란다.

의림지뜰 모심기

 길놀이 행렬이 논길로 접어든다. 꽹과리, 징, 북 등 농악 소리가 들판에 신명 나게 울려 퍼지자 길을 걷던 사람들과 행사 참여자들이 모여든다. 의림지뜰 손 모심기 체험행사가 삼한의 초록길 솔방죽 옆에서 이뤄지고 있다. 휴일 아침 산책을 나온 이들도 모처럼 색다른 볼거리를 만나 잊혀가는 모심기 체험행사에 구경꾼으로 합류한다.
 우리 지역은 도시와 농촌이 복합된 소도시이다. 시내에서 조금만 벗어나면 논밭을 볼 수 있고 드넓은 의림지뜰 한가운데 삼한의 초록길이 조성되어 많은 시민이 이 길을 걷는다. 이맘때면 길을 걸으며 논에 이앙기로 모내기하는 장면을 볼 수 있다.
 모심기 체험 본 행사가 막을 올렸다. 돼지머리를 상 위에 올리고 풍년을 기원하며 예를 올리자 풍년가, 방아타령 등 소리꾼들의 구성진 소리가 들판에 퍼진다. 모심기가 시작되었다. 실제 체험에 참여한 학생들은 처음에 선뜻 논에 들어서지 못한다. 요즘 학생들이 언제 맨발로 흙탕물이 가득한 논에 들어가 보았겠는가. 어른들과 학생들이 짝을 이뤄 논으로 들어가 손모를 심는다. 구경꾼 중에 연세가 지긋하고 농사를 지어본 경험이 있는 이들은 세월을 되짚어 추억을 더듬으며 푸르른 시절 이야기보따리를 들판에 펼쳐놓는다.

고향 풍경이 시공을 초월하여 의림지뜰에 너울거린다. 봄이면 농부들은 날마다 쟁기를 지고 소를 앞세워 논으로 나가 종일 쟁기질을 했다. 모심기 철에 맞춰 논을 갈고 써레질로 흙덩이를 부수고 논바닥을 고르느라 소와 씨름하시던 아버지 모습이 눈에 선하다.

모내기가 시작되면 아버지와 어머니는 이른 아침 집을 나서 큰들로 가셨다. 동네 사람들이 모여서 돌아가며 품앗이로 모를 심기 때문이다. 협동 모심기가 시작되면 보름에서 스무 날 정도 심어야 할 집 순서를 짜놓고 큰들의 빈 논이 없어질 때까지 품앗이가 이어진다. 허리를 구부리고 하는 일이라 힘이 많이 들고 한두 명이 할 수 있는 일이 아니다. 여럿이 어울려 울력으로 힘겨운 일을 해낸다. 모심기는 일렬로 쭉 서서 물 위에 못줄을 띄우고 줄에 표시되어 있는 간격에 맞춰 모를 심는다. 양쪽 끝에 줄잡이가 한 명씩 있어 한 줄 모심기가 끝나면 줄잡이는 서로 큰 소리로 신호를 보내며 못줄을 옮겨 꽂는다. 이때 모를 심는 사람들은 잠시 허리도 펴고 누군가 선소리로 노래를 부르면 여러 사람이 선소리 내용에 맞게 뒷소리로 화답을 보낸다. 노동요나 음담패설을 하며 흥을 돋우기도 하는데 힘겨운 노동을 이겨내기 위함도 있지만 농작물도 이런 소리를 듣고 열매를 풍성하게 많이 맺는다는 속설이 있다.

　힘든 일에 음식이 빠질 수 없다. 어머니는 다른 집 모심기를 다니다 우리 집 모를 심는 날엔 논에 들어가지 않는다. 새참을 준비해 논으로 내가고 찬을 준비하느라 바쁘다. 가마솥엔 모처럼 흰쌀밥을 짓고 보리가 누렇게 익을 때쯤 나온다는 보리 꽁치도 갖은양념에 조린다. 두부도 굽고 전도 부치고 나물도 조물조물 무쳐 논으로 이고 가야 하니 몸이 몇이라도 부족할 형편이다. 맏이인 나도 이때는 동생을 보다가 심부름은 물론, 동생들을 앞세우고 물 주전자라도 들고 어머니 뒤따라 논으로 가야 한다. 논두렁엔 막걸리 통이 먼저 자리를 잡고 있다. 길가에 풍성한 점심상이 차려지면 마을 사람 누구든 숟가락 들고 한솥밥을 먹으며 노동의 힘듦을 함께 이겨냈다.

이즈음엔 달라졌다. 논들도 경지정리가 되었고 농기계로 논을 갈며 논을 삶는 일, 모를 심는 일도 기계화되었다. 기계화된 농업이 부족한 농촌의 인력을 대신해주어 일손이 줄어든 반면 서로 도우며 힘든 일을 해내던 마을 사람들의 결속력이나 따뜻한 정은 잃어가고 있다. 넓은 의림지뜰에도 모심기 철인 이때에는 날마다 농기계 몇 대가 분주히 움직인다.

우리의 전통 손 모심기를 지역문화 행사로 맥을 이어가는 일은 참으로 의미 있는 일이다. 나이가 많지만 실제로 손 모심기를 경험한 분들이 아직은 계시기에 좀 더 생생하게 체험 행사를 할 수 있다. 젊은 세대에겐 생소한 농경문화를 몸소 체험하는 계기가 되는 뜻 있는 행사이다. 어린 시절 고향에서 모심기 철이면 보아오던 모습을 오늘 이렇게 문화행사로 만나게 되니 괜스레 마음이 들뜨고 지켜보는 내내 즐거웠다.

우연히 지나다 마주친 손 모심기 행사를 구경하는 이들도 같은 마음이리라. 저마다의 그리운 마음을 의림지뜰에, 소리꾼들의 노랫가락에 실어 풀어놓는다.

철 모르고 핀 꽃

며칠 전, 주택가 골목을 지날 때 개나리꽃이 꽃망울을 터뜨려 눈길을 끌었다. 산책길에 유채꽃이 봄인 양 피어 있었다. 지난봄 떨어진 씨앗이 늦가을에 싹을 틔웠을 것이다. 겨울의 문턱에서 때아닌 눈 호강을 하는 듯 반갑기도 했지만, 곧 닥칠 추위에 모두 얼어버릴 게 뻔하니 마냥 기쁘지만은 않았다. "아니, 때가 어느 때인데 봄에 피어야 할 꽃이 철없이 피었단 말인가." 입동도 지나고, 얼음이 얼기 시작한다는 소설도 지났건만, 절기가 무색할 만큼 따뜻한 날씨가 이어졌.

우리 지역은 춥기로 소문난 곳이다. 11월 초순, 기온이 영하 6도까지 떨어졌을 땐 겨울이 시작된 줄 알았다. 밭에 남은 농작물을 거두고, 서둘러 김장을 하느라 분주했다. 그러나 그 추위는 잠시였고, 이후 이십여 일 동안 온화한 날씨가 계속되었다. 평년보다 높은 기온이 이어지자 식물들도 봄이 온 줄 착각하고 꽃을 피워낸 것이다.

겨울 특수를 기대하던 업계도 이상기온에 난감해하고 있다. 이맘때면 스키장 개장 소식이 들려올 시기지만, 기온이 높아 인공눈을 만들 수 없어 개장을 무기한 연기했다는 기사도 접했다. 성수기를 기대했을 업계의 실망은 이루 말할 수 없을 것이다. 겨울 축제를 준비하는 지자체들도 날씨 앞에 불안한 마음으로 준비 중일 터다.

자연은 정직하다. 나무들은 가을을 맞아 단풍을 물들이고, 잎을 떨구며 겨울을 준비한다. 앙상한 가지만 남긴 채 맨몸으로 추위에 맞설 태세를 갖춘다. 꽃눈을 만들어 겨울을 견디고 봄에 피우려던 나무들이, 예상치 못한 따뜻함에 계절을 혼동하고 있다.

누가 철 모르고 피는 꽃을 탓하겠는가. 겨울의 길목에서 피어난 봄꽃은 자연이 인간에게 보내는 경고다. 우리는 너나없이 따뜻함과 시원함, 안락함과 편리함을 추구하며 지구의 온도를 높이는 데 한몫을 해왔다. 삶이 윤택해지는 사이, 빙하가 녹고, 기록적인 폭염과 집중호우, 극심한 가뭄이 반복되고 있다.

오늘 아침, 추위에 얼어버린 꽃송이를 보며 많은 생각이 들었다. 쉽지 않은 일이지만, 환경을 보호하는 일은 선택이 아니라 책임이다. 우리는 그 길을 외면해서는 안 된다. 자동차보다 걷기를, 일회용품보다 재사용을, 조금 덥게, 조금 춥게 사는 불편함을 감수해야 한다. 작은 실천이지만, 우리가 조금 더 불편하게 살아야만, 철 모르고 피는 꽃이 더 이상 경고가 되지 않을 것이다.

철 모르고 핀 꽃은 계절을 잊은 자연이 아니라, 우리가 잊은 책임의 흔적이다.

버팀목이 되어주는 사람들

 요즘 내가 즐겨보는 프로그램은 '휴먼다큐'다. 오늘도 모 방송사의 〈사노라면〉을 시청하게 되었다.
 북한강에서 다슬기 조업을 하는 두 모자의 이야기였다. 예순을 넘긴 그녀는 남편과 함께 오랫동안 다슬기 조업을 해왔지만, 7년 전 남편이 뇌졸중으로 쓰러진 뒤로는 아들과 둘이 일을 이어가고 있다. 팔순을 넘긴 몸이 불편한 시어머니와 병원에 입원 중인 남편을 돌보는 일도 그녀의 몫이다.
 그녀의 하루는 몸이 몇 개라도 모자라 보인다. 캄캄한 새벽, 아들과 함께 조업에 나서고, 낮에는 식당에서 일하며, 저녁이면 반찬을 만들어 노모를 챙긴다. 시어머니는 불편한 몸으로 농사까지 하시니, 그녀가 돕지 않을 수 없다. 병원에 입원한 남편도 보살펴야 하니, 밤낮을 가리지 않고 일하다 결국 허리 통증으로 병원을 찾는다.

 이런 엄마를 지켜보던 아들은 결국 불만을 털어놓는다. 엄마의 건강을 걱정하는 마음에서 비롯된 언쟁이 노모 앞에서 잠시 오간다. 하지만 가족 간의 사랑과 노모의 중재로 이내 서로를 다독이며 화해한다. 그 과정에서 그녀가 내뱉은 한마디는 뜻밖이었다.

 "힘든 일을 견디고 살아낼 수 있었던 건 팔순 노모가 내 버팀목이 되어주었기 때문이에요."

 그 말은 내게 큰 울림을 주었다. 우리는 흔히 힘이 있고 능력이 있어야만 누군가의 버팀목이 된다고 생각한다. 하지만 오늘 영상 속 그녀처럼, 나이 많고 몸이 불편한 노모가 며느리와 손주에게 짐이 아니라 삶의 버팀목이 되었다는 사실은 마음을 따뜻하게 한다.

 어려움을 겪다 보면 가족 간에 상처를 주고받기도 한다. 하지만 이들 가족은 누구 하나 원망하지 않는다. 아들은 엄마를 걱정하고, 엄마는 노모와 남편, 아들을 위한다. 서로가 서로에게 버팀목이 되어주는 모습은, 힘든 삶을 견디는 가장 단단한 힘이 무엇인지를 보여준다.

 힘들지만 서로 위하고 어려움을 극복해 가는 이런 삶들이 우리 사회 곳곳에 있다. 이들이야말로 힘겹게 오늘을 살아가는 또 다른 이들에게 크나큰 버팀목이 되어주지 않을까 싶다. 그들의 이야기가 더 많은 사람들에게 닿기를, 그리고 우리 모두가 누군가의 버팀목이 되어줄 수 있기를 바란다.

버팀목은 거창한 힘이 아니라 곁에 있어주는 마음이다.

비채길

　이십년 전부터 연을 맺은 K가 음성에 살고 있다. 늦깎이 학업을 하며 만난 우리는 학업을 마친 후에도 충주에 있는 또 다른 지인과 셋이서 가끔 만나 사는 이야기, 문학이야기를 나누며 지내왔다. 언제부터인가 남편들까지 합류해 음성, 충주, 제천을 번갈아가며 모임을 이어왔다. 두세 달에 한 번씩 만나 그 고장에 산책길을 걷고 가벼운 산행도 하며 일 년에 한두 번은 부부동반 여행도 다니곤 하였다.

　몇 해 전 그날 가기로 한 곳이 큰산(보덕산)이라 했다. 음성에서 세 부부가 만나 점심식사를 한 후 그리 높지 않은 산이라 하니 가볍게 등산할 마음이었다. 행치마을 반기문 생가가 있는 곳에 도착했다. 가끔 청주를 오갈 때 행치재 인근에 우뚝 솟은 산을 바라보면 산위에 정자가 눈에 띄었다. 볼 때마다 한 번 올라가 보고 싶었는데 마침 그 산을 오른다니 마음이 들떴다.

주차장 인근 연못에 수련이 막 몽우리를 터트렸다. 반기문 생가 터와 평화랜드를 지나 등산로를 찾아 들어섰다. 큰산은 해발 오백 미터 남짓하니 쉽게 오를 줄 알았다. 등산로를 좀 걷다 보니 침목으로 된 계단이 나왔다. 옆으로는 나무들이 우거져 시야가 트인 곳 없이 한참을 올라야 했다. 숨도 가쁘고 더워서 땀이 많이 났다. 점심을 먹은 후라 그런지 등산은 마음먹었던 것보다 훨씬 힘들었다. 함께하는 지인도 현기증이 일어나고 숨이 많이 차다며 힘들어했다. 그렇다고 중간에 내려올 수는 없지 않은가. 조금 가다 쉬기를 반복하며 한 타임 늦춰 천천히 산을 올랐다.

우여곡절을 겪으며 우리 일행은 정상에 다다랐다. 멀리서 바라보던 정자에 앉아 사방으로 펼쳐진 산봉우리들을 바라보니 산 이름이 큰산이라 불리는 이유도 이해가 갔다. 그리 높지 않은 산임에도 인근의 산들은 물론, 아주 멀리 충북에 있는 이름 있는 명산들도 아득히 조망할 수 있다 하니 산 이름값을 톡톡히 하고 있었다. 아래로 넓게 펼쳐진 음성지역을 한눈에 담아보며 이런저런 이야기를 나누고 우리는 하산 길에 들었다.

올라 갈 때는 그리도 힘들던 산이 내려오는 데는 오래 걸리지 않았고 쉽게 내려올 수 있었다. 이 산의 등산길은 산에 얽힌 전설을 바탕으로 하늘길, 빛의길, 땅길 등 세 가지 테마 코스로 이루어져 있다. 큰산은 비움과 채움의 길을 품고 있는 의미 있는 산이었다. 정상을 향해 오르는데 급급해 비채길에 대해 생각을 못했다. 정자가 있는 정상에 올라 확 트인 풍광을 느껴보려는 성급함으로 산이 품은 진면목을 모르고 등산을 한 셈이다. 우선 눈앞에 보이는 것만 보고 모든 것을 다 보았노라고 감탄했다. 산을 오르며 마음에 온갖 욕심이나 자만심과 성급함도 비워야 했거늘 우매함에 비채길이 주는 귀한 선물을 채우지 못했다.

　우리 세 사람의 인연은 참 소중하다. 한참 동생벌인 K는 충주에 있는 지인과 나를, 때로는 친구처럼 어느 때는 언니처럼 격려해주며 문우의 길을 함께 걸어간다. 가끔은 글쓰기를 주저할 때 두 사람이 내게 큰 힘을 준다. 소중한 인연과 함께 비움과 채움의 길을 음미하며 다시 한 번 그 산을 올라 보아야겠다.

댑싸리 빗자루

 야트막한 산자락, 나무 사이로 새소리가 들려왔다. 그 소리를 따라 숲길을 걷다가 누군가 빗자루로 정갈히 쓸어놓은 듯한 길을 만났다. 빗자루 자국이 선명한 길은 시골집 앞마당을 떠올리게 하였다.
 야자 매트길 옆에는 사람들이 맨발 걷기를 하며 생긴 흙길이 반들반들하게 다져져 있었다. 흙길이 어찌나 정겨워 보이는지 맨발 걷기를 체험해 보고 싶어졌다. 처음 해보는 맨발 걷기라 조심스럽게 발을 내딛다가, 댑싸리 빗자루를 들고 조용히 길을 쓸고 있는 분을 만났다. 올해 일흔 살이라는 그는, 작년 자신의 농장에서 기른 댑싸리로 직접 만들었다며 웃음 띤 얼굴로 빗자루를 들어 보였다. 맨발로 흙길을 걷기 시작한 이후 밤이면 숙면에 들고 건강도 좋아졌다며 소년처럼 환한 웃음을 지어 보였다. 길 위에 떨어진 나뭇잎이나 솔방울처럼 걷기에 방해가 되는 것들을 빗자루로 쓸어내면 기분이 상쾌해지고, 발에 날카로운 이물질이 밟히지 않아 더욱 안심하고 걸을 수 있다고 했다. 또한 자신이 말끔히 쓸어놓은 길을 사람들이 걷는 모습을 보면 뿌듯함을 느끼고, 마음까지 개운해져서 누가 시키지 않았음에도 계속해서 길을 쓸고 있다고 했다.

 어릴 적 살던 시골집 마당 가 울타리 아래에는 해마다 댑싸리가 자라났다. 떨어졌던 씨앗이 스스로 발아하여 봄이면 하나둘 새순을 틔웠다. 드물게 남도록 잡초와 함께 몇 개 솎아주면 댑싸리는 한여름 무더위와 장마도 잘 견디며 무럭무럭 자라났다. 작은 조경수처럼 보이기도 하고, 화초라 해도 손색이 없을 만큼 연둣빛을 머금고 흙 담장이나 나무 울타리와 어우러졌다. 맨드라미, 봉선화를 친구 삼아 시골집을 운치 있게 꾸며주었다. 댑싸리는 자잘한 꽃을 피워 눈에 크게 띄지는 않아도 씨앗을 여물게 하였다. 가을이면 잎을 곱게 물들이며 줄기를 단단히 세워갔다.

 흙 마당을 쓸기에는 댑싸리비만 한 것이 없었다. 아버지는 하루를 시작할 때마다 마당을 쓸며 하루 일과의 문을 열었다. 부지런함이 몸에 밴 분이었지만, 쟁기질로 온종일 소와 씨름하고 마을 사람들과 품앗이로 논일을 함께하느라 늘 일에 묻혀 사셨다. 아버지도 잠자리에서 좀 더 편히 쉬고 싶은 유혹이 없지는 않았을 것이다. 하지만 새벽 공기를 마시며 마당을 쓸면서 그날그날 바쁜 농사일의 순서를 머릿속으로 정리하였을 것이다.

사시사철 댑싸리 빗자루는 마당과 길 위에 흔적을 남겼다. 아버지는 여름에는 보리와 밀 타작을 하고, 가을에는 나락을 거두고, 콩이나 팥 등 잡곡들을 바심하느라 마당을 쓸고 또 쓸었다. 곱게 쓸린 마당에는 고모의 초례청이 차려지기도 하였고, 할아버지·할머니의 회갑 때 손님들로 북적이기도 했다. 학교가 쉬는 날이면 삼촌들이 아버지를 대신해 빗자루를 들고 마당을 쓸기도 하였다. 삼촌들이 객지로 공부하러 떠나고 아버지의 어깨가 더 무거워졌던 날들도, 아버지의 일상은 여전히 논, 밭, 그리고 마당 위에 있었다. 고모와 삼촌들이 결혼해 분가하고, 우리 칠남매도 차례로 학업과 결혼으로 집을 떠났다.

직장 생활 중 고향집에 내려간 어느 겨울날, 밤새 눈이 소복이 쌓였다. 그날도 아버지의 발자국이 제일 먼저 눈 위에 찍혔다. 우리가 버스를 타러 나갈 길을 내어주시려고, 아버지는 이른 새벽부터 숫눈을 밟으며 넉가래와 빗자루를 들고 눈을 쓸어내셨다. 아버지의 빗자루는 언제나 우리 앞길을 닦아주었다. 그렇게 닦인 길 위를 걸어 지금 나는 이 자리에 이르렀다.

요즘 나의 일상에서 빗자루는 점점 멀어졌다. 결혼 초에는 갈대 빗자루로 방 안을 쓸고, 마당에는 철물점에서 파는 나일론 빗자루를 사용하였다. 젖어도 상하지 않는 재질은 편리했지만, 거칠고 투박한 질감 때문에 늘 시골집 댑싸리 빗자루가 그리워지곤 했다. 아파트에서 살게 된 이후, 바깥을 쓰는 빗자루는 더 이상 필요 없게 되었다. 작은방 벽에 걸린 빗자루도 진공청소기에 밀려 잠든 채 자주 쓰이지 않았다.

댑싸리 빗자루는 닳고 닳아 결국 자연으로 돌아간다. 숲길을 쓸던 그분은 지난 여섯 달 사이 다섯 개의 빗자루를 닳도록 썼다고 하였다. 그렇다면 평생 마당과 길을 쓸며 살아온 아버지 손에서 닳아 없어진 빗자루는 또 얼마나 많았을까. 아버지는 자신의 몸이 닳아가는 줄도 모르고, 자식들이 걷기 좋은 길을 내기 위해 한평생을 그렇게 살아가셨다. 그런 아버지의 마음을 단 한 번이라도 훤히 밝혀드린 적이 있었는지 되돌아보게 된다.

어쩌면 우리 마음속에는 길이나 마당보다 더 자주, 더 곱게 쓸어내야 할 것들이 있는지도 모른다. 때로는 누군가의 말이

가시처럼 가슴에 박히기도 하고, 나 자신도 모르게 누군가를 찌른 말이 남아 있기도 한다. 무겁게 남아 있는 마음의 찌꺼기들로 인해, 마음마저 흐려질 때가 있다. 그럴 때마다 마음을 말끔히 만들 수 있는 좋은 빗자루 하나가 필요하다.

    때마침 마음에 걸어둘 화초 댑싸리를 만났다. 연두색, 노란색도 예쁘지만, 핑크색이면 마음을 더 화사하게 밝혀주리라. 굳이 빗자루가 아니면 어떠랴. 고운 댑싸리를 마음속에 품고 나를 닦고, 세상을 쓰다듬을 수 있다면 얼마나 좋을까. 그렇게 나를 만나는 이들도 핑크빛 마음으로 함께 물들 수 있다면, 더는 바랄 것이 없으리.

감나무가 있던 자리

어느 집 담장 밖으로 뻗어 나온 감나무 가지에 눈길이 머물렀다. 윤이 나는 잎사귀 사이로 동글동글 풋감이 자라고 있는 게 아닌가. 감나무라면 가을볕에 발갛게 불 밝히듯 익어가는 풍경이 먼저일 테지만 어려서부터 늘 보고 자라서인지 풋감이 주렁주렁 열린 모습은 내게 친근한 풍경이다. 잠시 눈 맞추는 사이 감나무의 사계절이 스쳐 갔다.

고향집 뒤꼍에는 두 그루의 감나무가 늠름히 서 있었다. 이미 다른 나무들은 꽃도 피우고 잎사귀를 키워가는데 잠잠하던 감나무는 늦은 봄이 되어서야 잎을 틔우고 연노랑 꽃을 피웠다. 어린 시절 감꽃이 바닥에 떨어지면 떨떠름하고 별맛 없는 줄 알면서도 하나씩 입에 넣어 보곤 했다. 구멍이 뚫려 있는 꽃을 실에 꿰어 꽃목걸이를 목에 걸고 놀았다. 한동안 떨어지던 감꽃도 없어지고 허전한 마음에 감나무를 올려다보면 꽃받침엔 앵두만 한 열매가 맺혀 푸른 잎 사이사이에서 몸집을 불려 가고 있었다.

　맏딸인 나는 휴일이면 동생들을 돌보아야 했다. 동생들은 대문간 그늘에서 병뚜껑, 사금파리 등을 가지고 풀잎이나 풀씨로 밥을 짓고 상을 차리며 놀았다. 소꿉놀이가 싫증 날 즈음이면 티격태격 다투는 소리가 들렸다. 때마침 이를 지켜보던 감나무가 풋감을 툭하고 떨어뜨려 동생들을 불러갔다. 바닥에 떨어진 풋감을 치마폭에 잔뜩 주워 오면 동생들의 소꿉놀이 판이 다시 화기애애해졌다. 아직 덜자란 풋감은 동생들 손에서 새콤달콤 자두나 복숭아로 변신하고 때로는 사과로 과일 장수 마음대로 바뀌었다. 감잎도 그릇이나 보자기가 되고 동생들이 만져보지 못한 지폐 역할도 해냈다.

　감이 익어가면 엄마는 더 바빠졌다. 주황색으로 변하면 감이 익어 보이지만, 한입 베어 물면 떫은맛이 입안 가득하다. 감을 따서 항아리에 담고 소금물을 부은 다음 이삼일 우려내면 떫은맛이 없어진다. 땡감이 단감으로 변하는 순간이다. 추석 상에도 올리고 운동회날도 가지고 가 이웃과 나누어 먹었다. 엄마는 인근 사찰 입구로 감을 이고 가 팔곤 하셨다. 엄마에게 감나무는 아침이면 손 내미는 시동생들과 딸들에게 학용품 살 돈을 줄 수 있는 든든한 존재였을 게다. 홍시가 되기 직전 아버지는 날을 잡아 긴 장대로 감을 땄다. 그때는 우리도 감나무 밑에서 고개를 뒤로 젖히고 아버지 손에 장대가 감을 향해 이리저리 움직이는 대로 시선을 주어야 했다. 장대 끝에 달린 감을 받거나 바닥에 따놓은 감을 주워 담고 감나무가 없는 이웃집에 가져다주는 일은 우리 몫이었다.

감나무는 친구들의 관심을 한몸에 받았다. 신작로와 넓은 밭 하나를 사이에 둔 우리 집 뒤뜰에서 빨갛게 익어가는 홍시는 윗마을 친구들의 눈길을 끌었고, 그들은 오며 가며 "너 감나무 집에 살지?"라며 부러운 듯 말을 건넸다. 감이 먹고 싶어서 그랬을지도 모른다. 그때 내가 흔한 감 몇 개라도 나눠줬다면 얼마나 좋아했을까. 하지만 나는 부끄러움이 많아 그런 나눔을 할 줄 모르는 아이였다. 우리는 해마다 감을 수확했기에 감이 귀하다는 생각조차 없었고, 달콤한 홍시도 그다지 즐겨 먹지 않았다.

시댁에도 감나무가 한 그루 있었다. 친정집 감나무가 오래된 고목이었다면, 시댁 뒤란의 감나무는 아직 크지 않은 어린 나무였다. 이제 막 감이 달리기 시작한 듯, 시어머니를 비롯해 남편과 시누이들 모두 그 감나무를 무척 소중히 여겼다. 결혼 첫 해 겨울, 시댁에서 함께 살게 되었을 때 저녁이면 식구들은 TV를 보다가 쟁반에 감을 수북이 담아와 도란도란 이야기를 나누며 먹곤 했다. 처음엔 선뜻 손이 가지 않았지만, 가만히 있기엔 머쓱해 한두 개 집어 먹다 보니 어느새 나도 달콤한 홍시 맛에 푹 빠져들었다.

어머니 집의 감나무는 해마다 눈에 띄게 자라났다. 감이 익어갈 무렵이면, 남편과 나는 바쁜 틈을 내어 하루 종일 감을 땄다. 시누이들이 마음껏 가져가도 될 만큼 해마다 감이 풍성하게 열렸고, 차츰 사촌 형제들에게까지 넉넉히 나눌 수 있을 정도가 되었다. 시어머니는 가지마다 주렁주렁 달린 감을 바라보며 흐뭇한 미소를 지으셨다.

감나무가 해마다 나이를 먹어가듯, 어머니도 점차 노쇠해지셨다. 몇 해 전, 어머니는 오랜 세월 동안 많은 감을 내어준 그 감나무를 베어달라고 아들에게 말씀하셨다. 무성하게 자란 감나무는 장독대 위로 그늘을 드리우기 시작했고, 과일이 흔해진 요즘은 감을 따놓아도 자식들이 예전처럼 가져다 먹지 않았다. 감은 아들이 따준다지만, 바람에 떨어지는 감잎을 일일이 쓸어내는 일은 어머니에게 점점 더 버거운 일이 되어갔다.

이젠 정든 감나무를 볼 수 없다. 오래전, 친정집이 수해로 집을 잃고 이사를 하면서 우리 남매의 유년을 지켜주던 감나무도 새 주인이 베어내고 말았다. 고향마을을 지날 때면 '저쯤에 감나무가 있었지' 하고 가늠하며, 어느새 그 자리를 향해 눈길이 간다. 큰길을 지나 이랑 긴 밭을 건너 집터가 있던 자리까지 가보았다. 곡식이 자라고 있는 그 터에서 잠시 눈을 감고, 동생들을 돌보던 어린 소녀였던 나를 불러내고, 소꿉장난에 바쁘던 동생들도 하나둘 떠올려 보았다. 이랑 긴 밭에서 허리를 펴며 숨 돌리던 부모님과 할머니의 모습도 자연스레 뒤따라왔다.

시댁 뒤란에서 사십여 년을 함께했던 감나무도 몇 해 전 사라졌다. 어머니는 그 감나무와 함께 미리 먼 길 떠날 채비를 하셨던 걸까. 작년 가을, 시어머니는 다시는 돌아올 수 없는 길을 조용히 떠나셨다. 어머니가 살던 빈집의 텃밭에는 지난 봄 형제들이 모여 고구마를 심었고, 뒤란 장독대에는 장을 담가 시누이들과 나누어 먹는다. 꽃들도 어머니가 계실 때처럼 계절을 따라 변함없이 피어나, 그 자리를 지키고 있다.

감나무가 있던 자리는 너무나 고적하다. 우리는 수시로 빈집을 찾는다. 어머니가 떠나신 가을이 가고 겨울도 봄도 그곳에 머물다 갔다. 여름도 절정에 이르렀지만, 아직도 어머니의 부재는 익숙지 않다.

　고부姑夫 간의 인연으로 사십여 년을 훌쩍 넘어온 세월이 너무도 빨리 지나갔다. 어머니도 감나무도 아직은 떠나보내지 못한 듯하다. 고개를 들어 감나무 가지가 펼쳐져 있던 곳을 올려다보았다. 파란 하늘에 솜털 같은 구름이 펼쳐져 환하게 웃고 있다.

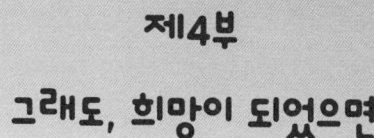

제4부

그래도, 희망이 되었으면

· 그래도, 희망이 되었으면
· 거품
· 까치밥의 여운
· 겨울 억새
· 이사하는 풍경
· 인생 이야기
· 뒤끝 있는 여자
· 뜨개질
· 피다가 만 꽃
· 나를 성장시킨 스승들이여
· 꽃 심는 아이들
· 손국시 한 그릇이 제일이지

그래도, 희망이 되었으면

『비가 오면』이라는 동화책을 읽으며 아이들과 이야기를 나누었다. 동화책에 등장하는 주인공인 초등학생 소은이는 엄마와 둘이 사는 아이다. 학교 수업이 끝날 무렵 비가 내리자, 우산을 들고 아이들을 마중 온 할머니나 엄마들, 가족을 기다리는 아이들로 현관이 왁자지껄하다. 주인공 소은이의 엄마는 그곳에 없다. 오히려 "비가 오면 장사가 잘 안된다." 하던 엄마를 걱정하며 장터 쪽을 바라본다. 소은이는 교실 청소를 마치고 우산이 없어 집에 가지 못한 다른 친구들과 놀면서 비가 그치기를 기다린다. 이때 담임선생님은 아이들을 숙직실로 데리고 가서 라면을 끓여 준다.

동화책에 나오는 등장인물들과 나이가 엇비슷한 또래 아이들이다. 동화책을 보다가 라면 이야기에 아이들은 모두 환호하며 극한 반응을 보였다. 입맛을 다시며 라면을 먹고 싶다고 했다. 책을 읽어주는 내내 딴청을 부리던 아이도 "오늘처럼 비가 오는 날 먹는 라면이 최고"라 했다. 작가는 선생님과 아이들의 말이나 행동을 통해 자신이 전하고 싶은 희망 메시지를 다방면으로 전해준다. 선생님은 아이들을 데리고 창가에 가 먹구름이 낀 하늘을 가리키며, 비가 오고 먹구름이 끼어도 그 구름 뒤에는 언제나 파란 하늘이 있다는 말을 들려준다.

어려운 상황에 있는 아이들에게 희망을 심어주고 싶어 선택한 책이다. 지난봄부터 매주 한 번씩 아이들을 만나왔다. 주로 그림책을 읽으며 때로는 등장인물의 입장이 되어 보기도 하고, 작가가 전하고 싶은 메시지를 마음에 새기기도 한다. 동화책을 읽으며 또는 독후 활동을 통해 카타르시스를 느끼고 이야기를 주고받으며 마음을 정화하기도 한다. 프로그램에 참여하는 몇 명은 가정적으로 또는 사춘기를 맞으며 어려운 환경에 놓여 있기도 하다. 일찍 사춘기를 혹독하게 겪으며 힘겨운 시간을 건너고 이제는 한층 성장한 모습을 보여주는 참여자도 있다. 아이들은 이 책을 쓴 작가의 희망 메시지를 얼마나 마음으로 느꼈을까.

살면서 우리는 멀쩡하던 하늘이 갑자기 캄캄해지듯 삶의 어려움을 만날 때가 있다. 분명 소나기는 언젠가 지나가고 맑은 하늘이 나타나 쨍쨍한 햇빛이 온 누리를 비춰줄 것을 알지만, 터널 속에서는 어두움만 보이듯 현실에 닥친 힘겨움만 느껴진다. 그래도 터널 끝에 희미하게 보이는 빛을 본다면 우리는 희망을 찾을 것이다.

동화책에서 작가가 그려낸 희망은 거창한 것이 아니다. 선생님이 끓여주는 라면 한 그릇 서로 나눠 먹고, 비가 와도 다른 아이의 엄마처럼 우산을 들고 오지 못하는 엄마를 원망하기보다 오히려 엄마를 걱정하는 아이가 있다. 아이들은 아직 가늘게 내리는 빗속을 오동잎 한 장씩 쓰고 밝게 웃으며 뛰어간다. 선생님이 들려준 희망 메시지를 생각하며 주인공 소은이가 하늘을 올려다보자, 먹구름 사이에 파란 하늘 한 조각이 보인다. 그 파란 하늘은 소은이에게 희망으로 다가온다. 어쩌면 희망과 절망은 큰 차이가 없을지도 모른다. 쏟아지는 소나기를 보며 이 비가 영영 그치지 않을 거라 생각하면 희망은 점점 멀어지지만, 먹구름 뒤에 분명 맑은 하늘이 있다는 사실을 기억한다면, 지금의 힘겨운 순간 속에서도 우리는 희망이라는 꿈을 꿀 수 있다.

요즘 뉴스에서는 연일 참담한 소식들이 전해진다. 재해로 인한 고통, 사회적 갈등과 불안…. 말로 다 표현할 수 없는 아픔을 겪는 이들에게 무엇으로 위로가 될 수 있을까 싶지만, 그래도 조심스레 응원의 마음을 전하고 싶다.

먹구름 뒤에도 언제나 맑은 하늘이 있다는 것을, 잊지 말아달라고.

거품

여인의 치맛자락 끝에 나풀거리는 레이스를 닮았다.

봄이 오는 길목에 바닷가를 찾았다. 멀리서 밀려오는 파도는 해안가 모래톱이나 바위에 부딪히며 하얀 포말을 남겨두고 달아나곤 한다. 물거품이 살랑살랑 움직이다 사그라들 때쯤 또다시 파도가 밀려와 하얀 거품을 바닷가에 부려놓는다. 멀리 보이는 해안선을 따라 파도는 흰 물거품으로 수를 놓는다.

창밖으로 바다가 훤히 보이는 찻집에 앉았다. 찰랑이는 찻잔에 하트가 그려져 있다. 거품 커피를 마시다 보니 파도가 찻잔에 들어와 요술을 부려놓고 간 듯하다. 하트를 음미해서인지 마음도 한층 보드랍고 달콤해진 듯하다.

거품 하면 샴페인이다. 오래전부터 축하 케이크 옆에는 샴페인 병이 자리를 잡았다. 값비싼 선물 못지않게 축하받는 주인공과 축하하는 사람들의 마음을 기쁘게 해주던 것이 샴페인이 아니던가. 객지 생활하던 자취방에 친구들이 서너 명 찾아와 샴페인을 터트려 준 일은 수십 년이 지나도 빛바래지 않은 추억으로 남아 있다.

'라떼는 말이야' 유행어를 빌리자면 병맥주를 글라스에 따라 주고받으며 마시던 세대이다. 지금은 음주를 잘 못하지만, 한때는 친구들과 주거니 받거니 분위기에 휩쓸릴 때가 있었다. 맥주를 글라스에 따르다 보면 거품이 스멀스멀 올라온다. 얼른 입을 갖다 대고 한 모금 마셔야 한다. 아차 하다 잔이 넘쳐버리면 아깝기 이를 데 없으니 말이다. 요즘 젊은 세대는 아들 며느리를 보더라도 주로 캔맥주를 좋아한다. 특히 야외에 나갈 때뿐만 아니라 간편하고 편리해서인지 집에서도 캔맥주를 즐기니 글라스에 올라오는 거품을 보는 재미가 없어 아쉽다.

거품은 속이 빈 방울 액체이다. 어떤 물질 위에 올라 기본 물질을 가려버리기도 하고 약간의 거품으로 본래의 물질을 더욱 돋보이게도 한다. 일상생활에 이런 거품을 이용해 맛있는 빵을 만들고 아이들에게 비누 거품의 즐거움을 주기도 한다. 우리가 이용하는 거품은 대부분 기분을 좋게 하는데 간혹 좋지 않은 현상에 거품이 끼었다고 하기도 한다.

눈에 보이지 않는 거대한 힘을 가진 거품이 있다. 몇 년 주기로 수도권 아파트 가격이 하늘 높은 줄 모르고 오른다. 그때마다 '거품'이라며 이래서는 안 된다고 온통 부동산 이야기로 온 나라가 떠들썩하다. 지방 소도시에 아파트 하나 가지고 있는 사람으로서 상대적 박탈감마저 느껴졌다. '영끌'이라는 신조어가 매스컴을 통해 수시로 들려왔다. 젊은 세대들이 직장 다니며 월급 받아 허리띠를 졸라매고 저축해도 집을 장만할 희망은 요원하니, 받을 수 있는 대출을 모두 끌어모아 집을 산다는 이야기다. 영혼까지 끌어모은다는 뜻으로 신조어가 탄생했다고 하니 참으로 씁쓸하다.

하필이면, 그 시기에 큰아들이 결혼하게 되었다. 발등에 불이 떨어진 아들을 도와줄 능력이 없어 애가 탔다. 수완 좋은 이웃집은 여유자금으로 서울에 아파트 한 채 사 뒀다가 아들이 들어가 사는데 집값이 어마하게 올랐다고 기쁨을 감추지 못한다. 우리 부부는 성실하게 열심히 삶을 잘 살아왔다고 스스로 자부했는데 이때는 미련스럽게 바보처럼 살아온 건 아닐까 자책했다.

아들도 울며 겨자 먹기로 '영끌'이라는 신조어에 발을 들여놓는 처지가 되었다. 엄청난 집값에 주눅 들어 기쁜 마음보다 걱정이 앞섰다. 살림살이를 들이고 아들, 며느리가 우리를 초대했다. 매사에 일들이 술술 잘 풀리라고 휴지와 거품처럼 재산이 불어나라고 세제 한 통을 들고 남편과 아들 집을 방문했다. 생각보다 훨씬 좁은 공간에 마음이 편치 않았다. 그런 내색을 할 수는 없고 비록 작은 집에서 시작하지만, 차츰 넓은 집으로 발전해 가길 기원했다.

우리 선조들은 복을 빌어줄 때도 거품을 생각했다. 예전에는 이사하는 집에 방문할 때 불처럼 재산이 일어나라고 성냥이나, 거품처럼 재물이 불어나라고 빨랫비누를 선물로 들고 갔었다. 우리가 셋방살이 칠 년 만에 첫 집을 장만했을 때 일가친척을 비롯해 지인들이 가루비누, 주방세제, 휴지를 들고 와 축하해주었다. 가루비누는 몇 년을 두고 썼다. 이제 와 생각해 보니 우리 집 가정 형편이 재물을 크게 형성하지는 못했지만, 지금껏 큰 어려움을 겪지 않은 것은 이사할 때마다 지인들이 정성으로 복을 빌어준 덕분이리라.

거품이 빠진다고 했다. 한동안 부동산 경기가 좋지 않고 금리도 오르니 어렵게 장만한 집값은 하락하고 가정경제에 타격이 많다. 젊은 청년들이 직장에서 열심히 일하고 알뜰살뜰 저축해서 집을 장만하는 꿈을 이룰 수 있는 안정된 가격이 형성되었으면 하는 바람이다.

　내 안에 부풀려진 거품은 없었을까. 어려서는 부유한 집에 태어나지 못한 처지가 그랬고 결혼한 후에는 경제력 빵빵한 남편을 둔 친구가 부러울 때도 있었다. 두 아들이 이웃집 아들보다 다정하지 못하다고 잠시 서운했던 적도 있다. 어쩌면 주어진 삶보다 더 윤택함을 꿈꾸며 삶에 거품을 부풀리고 싶었던 것 같다.

　지나고 보니 모두 부질없는 욕심이었다. 이제 불필요한 거품에 마음이 움직이지 않는 나이인가 보다. 가족들 모두 건강하고 각자 맡은 일 열심히 하며 살아가니 감사한 마음이 절로 든다.

까치밥의 여운

 빨갛게 익은 홍시가 파란 하늘에 걸렸다. 서리 맞은 잎들은 우수수 떨어지고, 앙상한 나무 우듬지에 대여섯 개의 감이 달려 있다. 네 살 손녀에게 감나무를 가리키며 감을 보여주자, 아이는 "감이 왜 저렇게 조금 달렸어요?" 하고 물었다. 감나무 주인이 감을 따면서 새들에게 먹을 것을 남겨둔 거라고 설명해주었다.
 아이는 까치밥의 의미를 알까. 우리는 농촌에서 자랐기에 산과 나무, 농작물을 자연스레 접했고, 감나무 밑은 놀이터였다. 요즘 아이들은 지방 소도시에 살아도 실제 과일나무보다 책이나 영상으로 먼저 익힌다. 책에서 보았던 것들을 실제로 만나면 호기심이 가득하다. 아이는 처음엔 고개를 갸우뚱하더니, 차츰 이해가 간다는 표정을 지었다.

내 유년의 집 뒤뜰에는 큰 감나무 두 그루가 있었다. 늦은 봄, 반질반질 윤기 흐르는 연초록 잎 사이로 소박한 감꽃이 소리 없이 팝콘처럼 피어 우리를 내려다보았다. 감꽃이 떨어지고, 큰 잎사귀에 가려 잘 보이지 않던 감은 볼 때마다 조금씩 볼살을 찌우며 커갔다. 추석 무렵이면 어머니는 누르스름해진 감을 항아리에 따 담고, 따뜻한 소금물을 부어 이틀 정도 우려서 운동회나 가을 소풍 때 챙겨주셨다.

　굴뚝 모퉁이에 있는 감나무는 서리가 내린 후 늦게 익었다. 아버지는 가을 추수 틈틈이 감을 따면서 몇 개씩 남겨놓았다. 제법 많은 홍시가 하얀 눈을 맞으며 겨우내 까치들을 불러들이던 풍경이 아련하다.

　가을은 갈무리의 계절이다. 농부들은 농작물을 거두고, 주부들은 겨울 먹거리를 준비하느라 분주하다. 과수원에서는 사과, 감, 배 같은 과일을 모두 따서 저장하고, 가정에서도 과일을 넉넉히 사서 겨울 동안 두고 먹는다.

　갈무리는 들짐승도 마찬가지다. 가을 등산길에 만나는 다람쥐, 청설모도 겨울 양식을 준비하느라 도토리와 밤을 물어 나르기에 분주하다. 산길을 걷다 보면 길이 아닌 풀숲이나 나무 밑으로 들어가 무언가를 채취하는 사람들도 만난다. 봄엔 산

나물, 초여름엔 산딸기, 가을엔 밤과 도토리를 주워 묵을 쑤어먹기도 한다.

그래서일까. 고라니나 산돼지가 먹이를 찾아 산에서 내려와, 애써 지어놓은 농작물을 하룻밤 사이에 망가뜨리기도 한다. 농부들은 가뭄, 홍수, 태풍 같은 자연재해뿐 아니라 산짐승 피해에도 늘 노심초사한다. 수확을 앞둔 옥수수, 고구마, 과일 등이 순식간에 망쳐지기 때문이다. 새들도 수수밭이나 과일나무에 무리를 지어 날아드는데, 사람으로 치자면 일가친척 사돈 팔촌까지 모두 몰려다니는 듯하다. 농부들은 울타리를 치고, 허수아비보다 더 정교한 독수리 모양의 연을 띄워 날짐승을 쫓아내기도 한다.

쌀쌀한 날씨에 하늘은 쾌청하다. 머지않아 눈이 내리고, 매서운 추위를 몰고 올 겨울의 문턱에 와 있다. 이맘때면 농부들도 먹이를 빼앗고 뺏기지 않으려는 동물들과의 실랑이도 다 잊은 듯하다. 앙상한 가지에 몇 개 남은 홍시는 추운 겨울날 날짐승들의 요깃거리이자, 사람들이 그들에게 베푸는 애정 어린 마음이 빨갛게 익어가는 풍경이다.

까치밥은 남겨진 것이 아니라, 나눔의 표현이다. 겨울을 견디는 생명들에게 건네는 작은 인사다.

겨울 억새

제주 새별오름이다. 오름의 모양이 새벽하늘에 떠 있는 샛별처럼 외로워 보여, 그 이름이 유래되었다고 한다. 사계절 내내 제주를 찾는 이들에게 인기 있는 명소다. 입구에서 바라본 오름은 그리 높지 않아 보였다. 오르는 길은 두 갈래로 나뉘는데, 짧지만 경사가 있는 길과 조금 더 시간이 걸리지만 완만한 길이다. 우리는 편안해 보이는 오른쪽 길을 택했다. 길에는 야자 매트가 깔려 있었고, 정상에 가까워질수록 경사가 있어 안전끈을 잡고 오를 수 있도록 말뚝이 박혀 있었다.

우리 일행은 아들 친구 엄마들이다. 고등학생 아들을 둔 엄마로 시작해, 어느새 시어머니가 되고 손주를 둔 할머니가 된 이들도 있다. 이십여 년을 함께하며 삶의 굴곡을 나눠온 사이, 만나면 자연스레 자식 이야기에서 손주 자랑으로 이어지고,

황혼 육아에 지쳐 모임에 참석하지 못하는 이들도 생겨났다.

지난 모임에서 오랜만에 모습을 보인 J는 연로한 시부모를 돌보느라 힘에 부친다는 이야기를 꺼냈고, 회원들의 걱정과 위로가 따뜻하게 전해졌다. 한 끼 식사와 차를 나누며 상황이 크게 달라진 건 없었지만, 돌아갈 때 그녀의 얼굴빛은 한결 밝아져 있었다.

사는 이야기는 저마다 달라 보여도 결국 모두가 거기서 거기다. 노년에 접어든 만큼, 여행 이야기에서 건강식품 정보까지 소소한 일상이 화제로 이어진다.

여행은 새로운 모습을 보게 한다. 적지 않은 세월을 함께하며 중년을 지나온 우리. 전염병으로 몇 년간 모임을 중단했다가 다시 만난 사이, 건강이 예전 같지 않은 회원도 있다. 출발 전, 여행을 무사히 마칠 수 있을지 걱정했지만 그 생각은 기우였다. 제주에 도착해 몇 군데 관광을 마친 후, 평소 조용한 성품의 A가 총무에게 슬며시 말했다. 건강이 좋지 못한 회원을 본인이 챙기겠다며 같은 방을 쓰게 해달라는 것이었다. 그녀의 배려에, 걱정만 앞세우며 정작 도울 생각은 하지 못했던 자신이 부끄러워졌다. A의 선한 행동은 미쁘게 다가왔다.

오름은 완만한 길을 택했어도 오르다 보니 숨이 가쁘다. 날마다 산행으로 단련된 이는 무난히 오름을 즐겼고, 평소 걷기를 즐기지 않는 이는 조금 힘들어했다. 오래전 교통사고로 온몸을 다쳐 여러 차례 수술을 받고 오랜 병원 생활을 했던 K가 오름을 잘 오를 수 있을지 염려되었다. 우리는 '무리하지 말라'며 어설픈 배려의 말을 건넸다. 앞서 올라가다 자꾸 뒤돌아보게 되었다. 그녀 옆에는 애정 어린 마음으로 보폭을 맞추며 함께해주는 회원들이 있었다. K는 우리의 예상과 달리 천천히 끝까지 올라 정상에 함께 섰다. 전날 차귀도 섬을 둘러볼 때도 그녀는 끝까지 동행했다. 우리는 그녀의 집념에 찬사를 보내지 않을 수 없었다.

  오름 정상에서 바라본 전경은 마치 우리가 샛별이 된 듯했다. 멀리 눈 덮인 한라산, 풍력발전기, 바다, 제주의 산과 들이 아름답게 펼쳐졌다. 누구보다 힘들게 정상에 오른 K는 아마도 건강한 이가 히말라야를 오른 것 못지않게 감격스러웠을 것이다. 긴 병원 생활 속에서 희망과 절망을 오가며 간신히 일어서고, 한 발 한 발 걷고 엎어지며 다시 일어선 그녀. 어쩌면 하늘의 별이라도 딴 듯, 스스로가 뿌듯했을 것이다.

  바람이 세차게 불었다. 내려오던 발길을 멈추고 둘러보았다. 오름을 덮은 겨울 억새들이 바람결에 일렁이며 사르르 사르르 소리를 냈다. 억새도 지난여름엔 푸르고 싱싱했을 것이다. 은빛 찬란하던 가을엔 억새꽃을 피워 수많은 발길을 불러 모았고, 누군가의 추억 속 배경이 되어 오름을 더욱 아름답게 꾸며주었을 것이다. 이제는 세월에 순응하듯 비바람을 맞으며 볼품없는 모습으로 엎어지고 자빠지면서도, 가벼워진 깃털을 살랑이며 오가는 이들을 여전히 반기는 듯했다.

 그저 묵은 억새인 줄만 알았다. 철 지난 억새들을 깔끔히 정리하면 오름의 풍경은 어떻게 달라질까. 혼자 상상의 나래를 펼치던 순간, 갑자기 한 무리 새들이 날아올랐다. 빼곡한 억새잎에 가려 보이지 않던 새들이 흩어졌다가 다시 돌아오고, 아이들 놀듯 억새 숲으로 숨어들었다가 다시 날아오르곤 했다. 새들에게 억새 숲은 추위를 피하고 몸을 숨길 따뜻한 보금자리였다. 생명을 품어주는 자연의 거룩함을 새삼 느꼈다.

 어쩌면 우리들의 모습이 겨울 억새와 닮아 있지 않을까. 푸르던 청춘은 이미 멀어졌지만, 우리의 어머니, 할머니가 그러했듯이 아직 부모님이 계시다면 자식으로서 손과 발이 되어드려야 한다. 가정 살림이나 육아에, 때로는 손주 손녀의 보호자 역할을 대신해야 할 때도 있다. 자식들을 보듬고 이웃을 돌아보며 한 가정의 보금자리를 따뜻하게 만드는 엄마이고 할머니이다. 일행들의 얼굴에 번지는 함박웃음이 참 아름답다. 겨울 억새의 모습도 그 웃음처럼 새롭게 다가온다.

  한 무리 새들이 우르르 하늘로 날아오른다. 새봄의 기운이 묻어나는 한 줄기 바람이 살랑살랑 우리의 볼을 스친다.

이사하는 풍경

낯선 여자가 엘리베이터에 들어섰다. 그녀는 제법 커 보이는 전기밥솥을 보자기에 싸서 두 손으로 공손히 들고 있었다. 그 모습으로 보아 아마도 이사를 들어오는 중인 듯했다. 같은 라인의 위층에서는 최근 리모델링 공사로 한동안 소음이 있었기에, 혹시 그 집일까 싶었다. 처음 보는 사이였지만 궁금증을 참지 못하고 먼저 말을 건넸다.

"혹시 14층에 이사 오시나요?"

그러자 그녀는 놀란 듯 "어떻게 아셨어요?" 하고 반문했다.

나도 그랬다. 살면서 이사를 여러 번 했는데, 그때마다 예전에 엄마가 일러주신 대로 밥솥에 쌀과 팥을 담아 가장 먼저 집 안으로 들여놓았다. 엄마는 밥솥이 먼저 들어가야 복이 따라 들어와 잘 살 수 있다고, 신혼 시절 이사를 자주 하던 나에게 늘 당부하셨다. 성당을 다니며 미신은 믿지 않겠다고 다짐하고 살아왔지만, 그 일만큼은 미신이라기보다 오래된 풍습이라 여기며 스스로 합리화했고, 결국 엄마의 말씀을 지키며 살아왔다.

이사하는 풍경도 많이 바뀌었다. 이사의 첫 기억은 일곱 살 때이다. 우리 집은 면 소재지에서 이십 리 정도 떨어진 깊은 골짜기에 살다가 학교가 있고 면사무소가 가까운 동네로 이사를 하게 되었다. 열 명이 넘는 대식구의 살림살이와 농사에 필요한 씨앗이나 농기구들을 동네 사람들이 지게로 지거나 소달구지를 이용해 나르곤 했다. 떠나오는 동네 사람들과 이사 들어가는 동네 사람들이 모두 나서서 내 일처럼 짐을 날라주었다.

아마도 그게 집들이였나보다. 이삿짐을 나르느라 발 벗고 나서준 사람들에게 고마움을 표현하는 날이었다. 할머니, 엄마, 작은엄마, 고모까지 분주히 부엌을 들락거리며 음식상을 차렸다. 붉은 팥죽에 찰밥, 살얼음 서걱서걱하는 동치미를 먹으며 안방 사랑방에 웃음소리가 흘러나오고 금세 낯선 사람들이 이웃으로 가까워졌다. 집마다 빨랫비누 한 장, 성냥 한 곽씩 손에 들고 와 수줍게 놓고는 살림이 불처럼 일어나라 기원해 주었다.

우리가 첫 집을 장만했을 때도 많은 이들의 도움을 받았다. 고층아파트로 이사를 하는데 하필 이사하는 날 엘리베이터가 고장이 났었다. 13층을 오르내리며 짐을 날라 주었다. 같은 통로에 살고 있는 집마다 팥시루떡 접시를 돌리고 육개장을 끓여서 이삿짐을 날라 준 지인들에게 대접했다. 두루마리 휴지와 가루비누를 사 와서 축하의 말을 전하고 부자되라며 복을 빌어주었다. 그래서인지 그 집에서 아이들 잘 키우고 많은 행복을 누리며 살았다.

요즘 이사는 편리하지만 어딘가 삭막하다. 이사 비용을 지불하면 업체에서 전반적인 짐을 옮기고 정리까지 해주니, 예전보다 훨씬 수월해진 건 사실이다. 같은 아파트 위아래에 사는 것도 예사로운 인연이 아닐 텐데, 서로 왕래할 일은 좀처럼 없다. 엘리베이터에서 마주치면 웃으며 짤막한 인사를 나누는 정도가 이웃의 전부다.

하지만 오늘 이사 온 그녀는, 무탈하게 이웃들과 즐거움을 나누며 평안한 나날을 보내길 바란다.

인생 이야기

　카메라 앞에 서면 누구나 처음엔 긴장한다. 지자체에서 추진하는 '추억 공유 디지털 영상 자서전' 제작에 참여하게 되었다. 내가 맡은 일은 휴대폰으로 어르신들의 이야기를 영상으로 담는 일이다. 카메라 앞에 앉은 주인공은 몇 가지 질문에 따라 자신의 살아온 이야기를 들려주고, 우리는 그 장면을 기록하며 짧은 시간이지만 함께 울고 웃는다.
　말만 들어도 가슴이 먹먹하다. 6·25전쟁으로 부모님을 잃은 이야기, 가난에 입 하나 덜기 위해 피붙이를 남의 집으로 떠나보낸 아픈 기억들…. 부모 형제 없이 의지할 곳 없는 삶을 묵묵히 견뎌온 분들이지만, 어느 대목에서는 참았던 눈물을 터트리고 만다. 그러나 마음을 가다듬고 현재의 삶에 감사하며, 자식들에게 혹은 함께 살아온 배우자에게 따뜻한 메시지를 전한다. 신랑 얼굴도 모르고 시집살이를 시작했던 이야기 등, 우리가 감히 상상하기 어려운 삶의 희로애락이 카메라 앞에서 생생하게 펼쳐진다.

삶이란 그런 것일까. 자신이 걸어온 길을 되짚는 짧은 시간에도, 가슴속 깊이 묻어두었던 이야기들이 조용히 떠오른다. 이야기를 하는 사람도, 영상을 찍는 사람도 어느 순간 눈물샘을 참지 못하고 시선을 돌려보지만 소용없다. 잠시 촬영을 멈추고 눈물을 닦은 뒤 다시 시작하기도 한다.

짧은 시간에 사람과 사람이 이렇게 가까워질 수 있다니 놀랍다. 평소 알던 사이도 아니고, 첫 만남에 서먹한 분위기 속에서 시작된 촬영이 어느새 깊은 교감으로 이어진다. "할 이야기가 없다"며 망설이던 어르신도 녹화가 시작되면 얘깃거리가 끊이지 않는다. 삶의 갈피에 잠재워 두었던 기억을 술술 자아낸다. 고작 한나절도 안 되어, 오래된 인연처럼 가깝게 느껴진다. 힘든 삶을 잘 살아오신 분들에게 저절로 존경과 애틋한 마음이 생긴다. 촬영이 끝났다고 금방 자리를 뜰 수 없다. 미처 못다 한 이야기꽃을 피우며 두 손을 잡고 등을 토닥이며 "힘든 세월 잘 살아오셨다"고 진심을 전한다.

돌아가신 부모님 생각이 났다. 친정엄마와 아버지도 이런 기회가 있었다면 어떤 이야기를 들려주셨을까. 영상 속 어르신들과 다르지 않은 시대를 살아오신 분들이다. 일제강점기에 태어나 유년을 보내셨으니 가슴 저미는 일들이 얼마나 많았을까. 사는 일이 뭐가 그리 바쁘다고, 삶의 애환을 조용히 들어드리지 못하고 떠나보냈을까. 자식들 앞에 하지 못한 이야기들은 얼마나 많았을지 가늠조차 어렵다.

영상은 세대 간 소통의 매개체가 될 것이다. 우리와 어르신들은 불과 십 년, 이십 년 차이지만 시대와 문화는 크게 달랐다. 우리가 어릴 적엔 어머니, 할머니의 옛날이야기를 들으며 유년을 보냈지만, 지금 아이들은 다양한 매체를 접하면서도 정작 할머니·할아버지의 생생한 이야기를 들을 기회는 점점 줄어들고 있다. 이 영상은 어르신들께는 소중한 추억이 되고, 후손들에게는 그분들의 삶과 시대를 이해하는 귀한 기록이 될 것이다.

삶은 이야기다. 그리고 그 이야기를 누군가 들어줄 때, 우리는 비로소 서로를 더 깊이 이해하게 된다.

뒤끝 있는 여자

얼마 전 친구들과 1박 2일 모임을 가졌을 때의 일이다. 활달하고 주장이 강한 J가, 평소 모나지 않고 자기주장을 크게 내세우지 않는 K와 언쟁을 벌였다. 몇 년 만에 만나 화기애애하던 분위기는 그 순간 찬물을 끼얹은 듯 싸늘해졌다. 바쁜 일상을 잠시 내려놓고, 친구들과 오랜만에 즐거운 시간을 보내려던 모두의 마음이 두 사람의 갈등으로 인해 금세 가라앉고 말았다.

일행 중 J와 가까운 친구 한 명, 그리고 K와 가까이 산다는 이유로 내가 나서서 두 사람의 서먹한 분위기를 풀어보려 했다. 언제나 자신의 생각을 스스럼없이 말하는 J는, 조금 전의 언쟁도 별일 아니라는 듯 속사포처럼 말했다.

"나는 뒤끝 없는 사람이야. 남은 감정 별로 없어."

그녀는 자신의 기분을 과감하게 표현했다. 하지만 K는 달랐다.

"살다 살다 이런 불쾌함은 처음이야."

사람마다 의견이 다를 수 있는데, 자기주장만 고집하고 상대를 몰아붙이는 언행은 친구 사이에 있을 수 없는 일이라며, 그동안 마음속에 담아두었던 섭섭함을 조심스레 꺼내놓았다. 그리고 더는 말 섞고 싶지 않다고 했다.

두 친구의 화해를 어렵게 이끌어내며, 나 자신을 돌아보게 되었다. 그렇다. 나도 K와 가까운 성향이다. 어릴 적부터 말주변이 없어 남 앞에 나서는 일이 드물었고, 성인이 되어서도 어디서든 있는 듯 없는 듯 조용한 존재였다. 친구들과 혹은 어떤 모임에서 실컷 이야기를 나누고 돌아오면, 마음 한켠에 석연치 않은 답답함이 남곤 했다.

'그때 나도 한마디 또렷하게 표현했더라면….'

시간을 되돌릴 수 있다면, 그 자리에서 내 생각을 분명히 말해보고 싶었다. 자신의 의견을 순간순간 분위기에 맞춰 자연스럽게 꺼내놓는 사람들, "내 생각은 이래."라고 말할 수 있는 그들이 내심 부러웠다.

꼭 한 타임 늦었다. 그때마다 스스로를 우매하다고 자책하기도 했다. 말하기 전에 생각이 너무 많아서인지, 아니면 마음 속 불편함을 표현하는 데 익숙하지 않아서인지 모를 일이다.

간혹 이야기를 실컷 듣고 돌아서면 그제야 화가 치민다. 그 자리에서 상대의 말이 마음에 들지 않아도, 불편해도, 그냥 속으로만 생각하고 표현하지 못했다. 혼자 삭이고 끙끙 앓다가 마음에 앙금만 남긴 채, 보고 싶지 않은 이를 무덤덤하게 마주치며 지나온 날들도 있었다.

상담 관련 공부를 하게 된 계기가 있었다. 그 과정에서 나 자신을 들여다보게 되었고, 감정을 그때그때 표현하지 못하고 마음속에 담아두면 결국 그것이 쌓여 상대에게도, 나 자신에게도 좋지 않다는 사실을 알게 되었다.

좋은 감정은 묵혀두어도 괜찮지만, 껄끄러운 느낌은 바로바로, 상대가 기분 나쁘지 않게 내 감정을 전하려고 노력했다. 흔한 일은 아니지만 누군가에게 좋지 않은 말을 들었을 때, 나는 이런저런 상황을 고려하며 상대를 이해하려 애쓴다. 그럼에도 불구하고 이해가 되지 않고 계속 마음에 걸릴 때는, 한 타임 늦더라도 "선은 이렇고, 후는 이렇다. 그래서 내 기분은 이렇다."를 시작으로, 어설프게라도 내 감정과 뜻을 전할 수 있게 되었다.

지금은 조금 달라졌다. 맨 처음 그런 내 태도에 상대도 조금은 당황하는 기색이었다. 어떤 이는 "이렇게 뒤끝 있는 사람이었느냐."라고 했다. 그렇지만 차츰 상대도 나를 대하는 태도가 달라짐을 느꼈다. "그래, 나 뒤끝 있는 여자야." 작은 시작이지만 자존감에 적잖이 위안이 되었다.

'뒤끝 있는 사람'이라는 말은 흔히 부정적인 의미로 쓰이지만, 나의 뒤끝은 조금 다르다. 나는 그저 살짝 엉킨 실을 풀 듯, 껄끄러운 감정이 생긴 상대와의 관계를 개선하고 잘 이어 가고자 하는 마음에서 비롯된 것이다.

순간의 분노를 삭이지 못하고 할 말 못 할 말 다 쏟아낸 뒤 "나는 뒤끝 없다"고 말하는 태도는 결코 온전한 해결이 아니다. 분풀이를 다 해낸 사람은 속이 후련할지 몰라도, 그 말에 상처받고 안으로 삭이고 있는 상대는 그때부터 감정을 품게 된다.

'뒤끝 없다'는 말은 감정을 털어냈다는 자기 선언일 뿐 상대의 마음을 배려해주는 말은 아니다. 오히려 그 말은 상처받은 상대에게 "그 정도는 참아야지"라는 무언의 강요가 되기도 한다.

상처를 받지 않으려고 피하고 참는 것이 대수롭지 않다고 여기는 것도 위험하다. 참는다는 건 감정을 없애는 게 아니라, 그 감정을 마음속에 고이 접어두는 일이다. 시간이 지나면 그 접힌 감정은 주름이 되고, 관계의 결을 바꾸어 놓는다.

　진정한 관계 회복은, 감정을 쏟아내는 것이 아니라 서로의 감정을 이해하고 책임지는 것에서 시작된다. 말은 흘러가지만, 마음은 그 자리에 오래 남는다.

　아둔한 나로서는 '뒤끝 없는' 사람은 될 수 없다. 성급히 말하다 보면 상대에게 하지 않아도 될 말들까지 하게 되어 후회를 남기게 된다. 사람마다 표현 방법이 다르지 않은가. 성향이야 어떻든 조금은 상대를 배려하며 말을 조심하면 상대방 마음에 상처 주는 말은 덜 하게 된다는 결론이다. 그래서 앞으로도 한 타임 늦어도 '뒤끝 있는 사람'으로 살 것 같다. 그 뒤끝은 관계를 끊기 위한 것이 아니라, 엉킨 실을 조심스레 풀어내며 더 나은 이해와 연결을 위한 나름의 방식이다.

뜨개질

 오래된 사진을 보고 있다. 연년생 두 아들이 네다섯 살 무렵의 모습이다. 털실로 짠 스웨터를 입은 큰아이는 활짝 웃고 있고, 개구쟁이 작은아이는 사진 속에서도 장난기가 묻어난다. 그 시절 우리 부부의 사진을 함께 보니, 이런 시절이 있었던가 싶을 만큼 많은 세월이 흘렀음을 실감한다. 머리 모양이나 옷차림은 촌스러워 보여도 얼굴에는 풋풋한 젊음이 묻어 있다.
 힘든 시기였다. 한 가정을 꾸리고 두 아이를 낳아 좌충우돌 부모 역할을 하던 때. 지금처럼 어린이집이나 아이를 돌봐주는 곳이 많지 않았다. 연년생 두 아이를 종일 돌보는 일은 힘에 부쳐 하루가 길게 느껴졌다. 소심한 성격에 겁도 많고 근심도 많았던 나는, 무엇보다 사내아이 둘을 어떻게 키워야 할지 부담이 컸다. 활발하게 온 동네를 누비며 놀던 아이들이 저녁에 잠자리에 들면 온 세상이 잠든 것 같고 마냥 평화로웠다.

짧은 시간이라도 뭔가 탈출구를 갈망했는지도 모른다. 옆집에 사는 또래 아이 엄마가 뜨개질 부업을 하고 있었다. 아이들 키우며 살림하기도 바쁜데도 부업이 하고 싶었다. 뜨개바늘과 실을 잡고 앉으면 조금씩 결과물이 눈에 보이니 손을 놓기가 쉽지 않았다. 아이들 돌보느라 옴짝달싹 못 하는 생활에서 오는 압박감도, 한 코 한 코 뜨개질을 하며 실이 풀리듯 마음이 편안해졌다.

그 부업을 오래 하지는 못했다. 온전히 아이들에게 매달리고 짬짬이 살림을 해야 하는데 마음은 줄곧 뜨개질에 가 있었다. 처음엔 아이들이 잠든 후 뜨개바늘을 들었지만 차츰 밖에서 놀고 있는 아이들을 방치하게 되어 스스로 안 될 일이라 결단을 내렸다.

잠시 한눈팔던 마음을 정리하니 오히려 마음이 편했다. 아이들이 어느 정도 자라 손이 덜 가면 그때 다시 해보리라 마음먹었다. 사실 부업이라지만 돈은 몇 푼 되지 않았다. 그저 결혼 후 살림하고 아이 키우는 일이 아닌, 다른 일이라는 것에 마음을 빼앗겼던 것 같다. 부업에서 손을 떼고 아쉬운 마음에 아이들 옷을 하나둘 뜨게 되었다. 큰아이에겐 민트색, 작은아이에겐 노란색 티셔츠를 떠서 입혔다. 지금 그 옷은 없지만, 한 올 한 올 짜인 무늬와 둥근 라운드 티셔츠를 완성해 입혔던 모습은 선명하게 떠오른다. 그 옷을 입은 아이들을 바라보던 순간, 다른 어떤 옷을 입었을 때보다도 내 마음이 더 따뜻했던 기억이 사진 속에서 다시 살아난다. 그때 이후로 뜨개질을 할 기회는 없었다. 세월이 많이 흘렀지만, 그 잠깐의 성취감과 손끝에서 느껴졌던 뿌듯함은 잊히지 않는다.

  뜨개질은 한 코 한 코 정직하다. 허튼 코 하나 없이 이어져야 하고, 실이 조금이라도 모자라거나 부실하면 금세 티가 난다. 그 작은 실수 하나가 고스란히 드러나는 작업이기에, 더더욱 마음을 다해 집중하게 된다.

  우리는 어쩌면 한 올 한 올 생이라는 옷을 뜨개질하고 있는지도 모른다. 아직 완성되지 않은 옷이지만, 뜨개바늘과 실이 성실히 제 몫을 하려 애쓴 것 같다. 조금 부족하고 흡족하지 않은 부분이 있어도 연연하지 않으련다. 부족함도 나의 본모습이 아닐까.

  사진 속으로의 시간 여행에 마음이 흥건해지는 날이다.

피다가 만 꽃

 포기했단 말인가. 가게 앞을 지나다 보면 나도 모르게 그곳에 시선이 머문다. 코로나가 끝나면 다시 장사를 시작하리라 기대했는데 아마도 끝내 식당을 열지 않을 모양이다. 코로나 중에 문을 닫은 식당이 한두 곳이 아닌데 그곳을 지날 때마다 신경이 쓰였다. 딱 한 번 식당에 들어가 음식을 먹으며 마주한 젊은 주인 부부의 모습이 어렴풋이 떠오른다.
 삼 년 전 코로나가 있기 전 어느 가을날이었다. "엄마, 오늘 점심 같이 먹어요" 출근한 아들이 집 근처에 회 초밥을 먹을 수 있는 식당이 생겼다며 들뜬 목소리로 전화를 걸어왔다. 아들은 개업한 지 얼마 안 되는 식당을 며칠 눈여겨본 듯했다. 저녁에는 손님이 제법 들어 왁자지껄한 시간에 아기를 데리고 가기가 걱정되었던지 점심을 먹자는 얘기였다. 육아휴직 중이던 며느리와 우린 식당으로 가서 점심 메뉴 회 초밥과 다른 메뉴를 추가로 시켰다.

어떻게 힘든 식당을 운영할 생각을 했을까. 주인은 아직 신혼인 듯 보였다. 남편은 음식을 준비하고 아내로 보이는 젊은 여자는 계산대에 앉아 손전화만 만지고 있었다. 손님이라고는 달랑 우리뿐인지라 할 일이 없기도 하겠지만 점심시간을 이용해 나온 아들 때문에 시계를 연신 보았다. 한참 만에 나온 음식을 급히 먹고 아들은 직장으로 갔다. 며느리와 집으로 오며 아직 식당 일이 많이 서툴게 보이는 그 부부 이야기를 나누었다. 아들, 며느리 또래의 젊은이라서일까. 마음이 쓰였고, 그 식당이 장사가 잘 되길 바랐다.

순전히 개업 발이었던 것 같다. 그 후 오가며 보니 저녁 손님이 한두 테이블은 있어 그나마 다행이라고 안도했었다. 그러나 그것도 잠시이고 손님 없는 가게에 젊은 부부가 각자 손전화에 열중하는 모습만 보이고 언제부터인가 남자만 나와 식당에 있는 것 같았다. 점점 더 손님이 뜸하더니 점심 장사는 하지 않았다. 저녁에만 잠시 문을 열더니 작년 가을 이후 가게 문이 열리지 않았다. 오늘 아침에 지나다 보니 결국 문을 닫고 말았다.

요즘 어떤 식당은 예약하지 않으면 밥을 먹기 어려울 만큼 문전성시를 이룬다. 근 삼 년 가까이 이런저런 모임이 없다가, 작년 가을부터 슬슬 다시 모여 밥을 먹고 차를 마시는 일이 잦아지면서 대부분의 식당이 활기를 되찾은 듯하다. 그런 가운데, 젊은 부부가 운영하던 작은 식당이 문을 닫은 것이 안타깝다. 처음엔 개업 발로 북적였지만, 점차 손님이 줄고, 결국 문을 닫기까지의 과정을 지켜보며 마음 한켠이 씁쓸했다. 활기를 되찾는 거리 속에서 그 식당만 조용히 사라져버린 듯하다.

따뜻하던 날씨가 꽃샘추위로 며칠째 쌀쌀했다. 엊그제 길가에 노란 꽃잎을 피우려던 개나리가 얼어버린 모습을 안쓰럽게 바라보았다. 아뿔싸, 너도 조금 참았다 꽃잎을 피우지. 때를 잘못 만났구나 싶었다. '그래, 꽃도 그 젊은 부부도 때를 잘못 만난 탓이야.' 하며 스스로 위안 삼았는데 오늘 지나다 다시 보니 개나리는 노란 꽃봉오리를 살그머니 터트릴 준비를 하고 있었다. 어쩌면 그 젊은 부부도 지금쯤 새로운 도전을 위해 뭔가를 준비하고 있을지도 모를 일이다. 날씨가 다시 훈훈해지면서 피우려다 멈춘 개나리가 다시 활짝 피어나듯이 그들도 실패를 거울삼아 더 단단한 삶을 꽃피우길 빌어본다.

나를 성장시킨 스승들이여

　긴 장마가 지나갔다. 올여름 장마는 집중적인 폭우로 전국을 오르내리며 피해를 크게 입혔다. 곳곳에 물난리가 나고 예상치 못한 산사태나 지하차도 침수로 인명피해까지 많이 났다. 자연은 우리에게 도움도 많이 주지만 때때로 이렇게 큰 상처를 주기도 한다.
　우리 지역엔 비는 많이 내렸으나 다행히 큰 피해는 없었다. 산책길에 고개를 돌려보니 길가에 꽃들도 때맞추어 피어나고 논에 벼들이 어느새 이삭을 피우고 있지 않은가. 꽃이나 벼들도 지난 장마에 물 폭탄 같은 비를 맨몸으로 맞으며 견디어 왔다. 그리고 이어지는 불볕더위도 여린 몸으로 버티는 중이다. 극한 상황에도 쓰러지지 않고 꿋꿋하게 제자리를 지키며 자신의 할 일을 묵묵하게 하고 있다. 연약한 풀 한 포기도 자신의 삶을 힘껏 살아내고 있음이 새삼 경이롭다.

지금껏 살아오면서 가르침을 받은 사람은 참으로 많다. 어린 시절에는 부모님으로부터 예의범절을 익히고 학교에서는 여러 선생님의 가르침을 받고 성장하였다. 학업을 끝냈다고 수학修學이 끝나는 게 아니다. 사람은 죽을 때까지 배워야 한다는 말이 있지 않은가. 삶의 길목마다 배우며 익혀야 할 일들이 끊임없이 있다.

아이를 낳아 기를 때 정말 스승이 필요했다. 미리 준비한 백과사전은 아무 쓸모가 없었다. 어른들의 육아법은 너무 낡은 방식이라고 오만을 떨었지만, 삼칠일도 되기 전에 꼬리를 내리고 따를 수밖에 없었다. 어설픈 엄마지만 정성껏 아이를 돌봐도 아기는 밤낮을 가리지 않고 울었다. 그러잖아도 저체중으로 태어나 간신히 인큐베이터를 면한 참인데 잠을 안 자고 잘 먹지도 않으니, 아이는 살이 오를 리 없었다. 어른들이 백일이 지나면 좋아진다는 말에 희망을 걸고 하루하루 버텼다. 백일 떡을 나누어 먹고 시일이 하루하루 지나다 보니 아이는 밤에 잠을 조금씩 자게 되었다.

산 너머 또 산이었다. 아들 둘을 키우며 늘 노심초사할 수밖에 없었다. 또래 아이를 둔 엄마들과 좌충우돌 육아를 하며 주위 사람들보다 유난히 힘겹게 아이들을 키웠다. 그때마다 육아의 스승은 나보다 조금 앞서 아이를 키우는 사람이었다. 남자아이들이라 예상치 못한 사고가 날 때도 있어 가슴을 쓸어내리기를 여러 번이었다. 소심한 성격에 아이들 키우는 일은 큰 숙제였다. 나보다 몇 살 아래인 이웃집에 사는 아이 엄마들이 있었다. 이른 나이에 결혼하여 아이들을 키우고 있는데 그들과 교류하며 정보도 공유하니 조금은 도움이 되었다. 나이를 따질 것 없이 그녀들은 나에게 육아 선배였다.

논어의 문구가 떠오른다. "三人行, 必有我師焉." 세 사람이 길을 함께 가면, 그중 반드시 나의 스승이 있다. 좋은 점은 따르고, 좋지 않은 점은 고쳐야 한다. 같은 또래 친구나 이웃 중에도 삶의 방식이나 가치관을 본받고 싶은 사람이 있다. 삶은 그렇게 서로에게 배우며 익혀가는 것이다.

아이들이 유치원에 들어갈 무렵 삶의 스승 같은 분을 만났다. 같은 골목에 살게 된 인연으로 수십 년이 지난 지금도 연을 이어가는 나의 든든한 지지자다. 그녀를 '형님'이라 불러오고 있다. 우리 아이들보다 서너 살 위에 남매를 둔 분인데 가까이서 배울 점이 많았다. 아이들 키우는 일뿐만 아니라 알뜰살뜰 살림 솜씨도 저절로 따라 하게 되었다. 차츰 나의 조

바심도 줄어들고 그저 순간마다 최선을 다해 두 아들을 키우자는 나만의 이치도 깨달았다.

형님도 살면서 크나큰 시련을 겪었다. 한창 자녀들 뒷바라지할 시기에 남편의 사업이 어려워졌다. 사업에 실패 후 재기를 꿈꾸며 바깥일에만 몰두하는 남편은 가정에 아무런 도움을 주지 못하는 실정이었다. 그런 날들이 길어지자 그녀는 평생 해보지 않은 일터로 전전하며 대학생 딸과 고등학생 아들을 건사하고 지내는 형편이었다. 십여 평 작은 아파트에 옮겨 앉아 어렵게 살림을 꾸려가던 때였다. 남동생도 갑자기 사정이 안 좋아져 대학교 진학을 포기한 조카를 데려왔다. 좁은 집에서 여름과 가을을 보내며 공부시켜 대학교 입학을 시켰다. 아무리 친정 피붙이라고는 하지만 내 발등에 불도 끄기 어려운 상황인데 어떻게 그리할 수 있었는지…. 나는 그때부터 더욱 형님이 도량이 넓은 분이라 여기게 되었다.

삶의 굽이마다 막막할 때 이정표가 필요했다. 그 형님은 조금 앞서가며 또는 함께 걸으며 삶의 이정표 역할을 해주셨다. 양가 집안에 좋은 일이 있으면 함께 기뻐해 주고 힘든 일이 있으면 같이 아파하며 힘을 내도록 다독여주며 그렇게 살아간다. 이제 형님도 어려운 일들 다 극복하고 노년기에 접어들어 부부가 함께 잘 살아가고 있다.

　세상은 혼자 잘났다고 살아갈 수 없는 곳이다. 사람이 위대하다지만 때로는 나약하기 이를 데 없는 게 또 사람이 아니던가. 길가의 풀 한 포기, 냇가에 닳아 둥글어진 돌멩이 하나에서도 우리는 깨우침을 얻는다. 그것이 삶이다.

　유년 시절에는 부모님 가르침에 크게 벗어나지 않으면 되었다. 삼촌들과 함께 자라며 때로는 삼촌들이나 고모가 할아버지의 뜻을 거스르고 호된 꾸중을 듣는 것을 보았다. 어깨너머로 익히고 할아버지의 꾸중 들을 일은 만들지 않았다. 그러다 보니 소심한 성격으로 자라게 되었다. 부모가 되고 보니 삶은 그리 녹록하지 않았다. 나는 온실 속 화초 같았다. 아이들을 키우고 지금껏 살아오면서, 스승 같은 형님이나 이웃들, 그리고 나를 일깨워주는 자연이 없었다면 얼마나 막막했을까.

　지금까지 평탄한 길로 이끌어 준 고마운 분들, 그리고 때때로 나의 눈을 번쩍 뜨이게 하는 풀꽃 한 포기, 돌멩이 하나에도 두 손 모아 고마움을 전한다.

꽃 심는 아이들

화단에 꽃이 가득하다. 어린이집 화단에서 아이들과 교사들이 함께 꽃을 심고 있다. 복지관 수업을 마치고 나오다 꽃보다 귀한 아이들을 만났다. 한참 화단 가에 머물며 아름다운 풍경을 바라보는 호사를 누렸다. 이미 꽃들은 대부분 심어졌고 교사들은 아이들에게 모종삽을 쥐여주며 사진 찍기에 여념이 없다. 꽃모종 숫자 못지 않게 교사들과 아이들이 모여 서너 평 남짓한 꽃밭에 봄맞이 행사를 하느라 분주하다.

화단에는 금잔화, 마가렛, 데이지, 노벨리아 등 이름조차 생소한 꽃들이 아이들처럼 이름표를 옆에 꽂고 있다. 이미 꽃을 피운 것도 있지만, 어떤 꽃은 곧 몽우리를 터뜨릴 것 같은데 온실에서 나온 터라 바깥 기온에 놀라 몸을 움츠리고 있다. 마치 낯선 곳에 떼어놓은 어린아이처럼 새로운 환경에 어색하게 고개를 숙이고 있다.

아이들도 온실에서 나온 꽃들 같다. 아직 기저귀도 떼지 못한 아기들도 있다. 새 학기를 맞아 처음 어린이집에 맡겨진 아이들이 대부분인 듯하다. 한 아이는 아침에 엄마 품을 떨어진 게 못내 서러웠는지 눈가가 축축하다. 꽃 심는 일에도 관심이 없고, 사진 찍는 포즈도 마뜩잖은 표정이다. 아이를 떼어놓고 일터로 간 엄마도 아이가 눈에 밟혀 일은 하고 있어도 마음은 아이에게로 향하고 있을 것이다.

교사라기엔 앳되게 보이는 초보 교사도 있다. 아이를 다루는 모습이 서툴러 보여도 아이와 가까워지려는 정성이 대견하다. 유아교육에 꿈을 안고 사회에 첫발을 내디딘 초년생일 수도 있겠다. 꽃을 보여주며 이름을 불러주고 노래도 불러주지만, 아이는 별 반응이 없다. 그녀는 아마도 교과서 속 이상과 현실 사이에서 괴리감을 느끼고 있을지도 모른다. 그러나 그 정성은 아이의 마음에 분명히 닿을 것이다.

꽃 심기와 사진 촬영이 끝났나 보다. 교사 한 명이 아이 셋을 데리고 화단 밖에서 돌보고 있는데, 다시 화단으로 들어가는 아이도 있다. 교사가 잠시 다른 아이를 돌보는 사이, 또 다른 아이는 엉덩이를 실룩이며 '걸음아 나 살려라' 하고 내달린다. 활기차 보이는 그 아이는 세상 구경에 더 호기심이 많은 듯했다. 교사는 화들짝 놀라 달아나는 아이를 뛰어가 데려오는데, 당황한 얼굴이 붉게 달아올랐다.

뭐든 처음은 어렵다. 손녀를 처음 어린이집에 보낼 때, 떼어놓는 일이 참 힘들었다. 아이는 내게서 떨어지지 않으려 낯선 사람에게 가기를 거부하며 온몸으로 저항했다. 마음 같아서는 그냥 집으로 데리고 오고 싶었지만, 그럴 수 없었다 매정하게 떼어놓고 돌아서며 '내가 지금 무슨 짓을 한 건가' 싶어 마음이 무거웠다. 그러던 아이가 차츰 새로운 환경에 적응했다. 어린이집 삼 년 차가 되었을 때, 현관 옆 화단을 가리키며 "할머니, 내가 심은 꽃이야"라고 자랑하던 모습이 아직도 선명하다. 아이는 그 꽃이 자라고 피어나는 과정을 지켜보며, 자신의 손길이 닿은 꽃모 한 포기에 애틋한 마음을 품었다.

아이들이 귀한 시대다. 아파트 놀이터는 온종일 텅 비어 있다가 오후에 잠깐 한두 명의 아이들이 미끄럼틀이나 그네에 오르다 가곤 한다. 해가 바뀔수록 아이들이 부족해 문을 닫는 어린이집이 늘어난다는 뉴스를 접한다. 말로만 듣던 저출산과 인구 감소 문제를 피부로 느낀다. 어쩌다 엘리베이터에서 엄마 품에 안긴 아기를 만나면 얼마나 예쁘고 신기한지, 옛 어른들이 아기를 보고 '꽃 중의 꽃'이라 하던 말씀이 저절로 떠오른다.

　내가 두 아들을 키울 때는 놀이터가 늘 시끌벅적했다. 그네를 타려고 줄을 서고, 친구들과 정신없이 놀다 화장실도 참던 아이들. 딱지 하나 더 따려고 목청을 높이던 아이들의 함성이 고층 아파트까지 울려 퍼졌다. 그들의 웃음소리가 마을에 활력을 불어넣었다. 이제 그런 풍경은 요원한 일이 되어버린 걸까. 정치를 하는 사람들이나 지자체에서도 저출산 문제 해결에 힘쓰고 있지만, 결과로 돌아오는 메아리는 너무도 희미하다. 아이들의 웃음소리가 사라진 놀이터는, 마치 시간이 멈춘 듯 고요하다.

　젊은이들이 아이를 낳고 기르기에 좋은 세상이 오면 좋겠다. 적성에 맞는 일을 할 수 있는 일자리를 얻고, 열심히 일하며 알뜰히 저축하면 내 집 마련의 꿈을 이룰 수 있으며, 아이들을 큰 어려움 없이 키울 수 있는 환경이 된다면 얼마나 좋을까. 그건 많은 이들의 희망이자 꿈이다. 그 노력의 결과가 더디고 희미하더라도, 그래프의 곡선이 조금씩이라도 바뀌기를, 그 변화가 누군가의 삶을 조금 더 따뜻하게 만들기를, 간절히 염원해본다.

　오늘, 꽃보다 더 예쁜 아이들이 화단에 꽃을 심었다. 처음

엄마와 떨어진 아이도 시간이 지나면 친구들과 즐겁게 생활하게 되고, 웃으며 어린이집에 발을 들여놓을 것이다. 화단에 옮겨져 잠시 몸살을 앓는 꽃모종들도 며칠 후면 생기를 찾아 꽃을 활짝 피우리라. 이 봄, 꽃을 심는 아이들이 건강하게 무럭무럭 자라고 그들의 마음도 꽃처럼 곱게 피어나길 빌어본다.

손국시 한 그릇이 제일이지

고향집 부엌에 들어서면 한쪽에 단지 두 개가 사이좋게 놓여 있었다. 형제처럼 키 차이가 조금 나는 단지에는 밀가루와 콩가루가 담겨 있었다. 콩가루가 들어간 국수는 더 구수하고 면발도 좋았다.

우리 집은 국수를 참 즐겨 먹었다. 해가 넘어갈 무렵이면 작은고모는 늘 마루에 앉아 국수 반죽을 했다. 두 손에 힘을 모아 오래 치댄 반죽은 잘 어우러져, 보기에도 말랑말랑해 보였다. 안반 위에 올려진 반죽을 홍두깨로 밀기 시작하면, 처음엔 접시만 하던 반죽이 고모의 손길을 따라 점점 넓어졌다. 홍두깨질이 거듭될수록 반죽은 쟁반처럼 커지다가, 마침내 두레밥상만큼 넓어졌다. 나중에는 깔아놓은 누런 국수용 종이 장판이 가득 찼다. 마치 고모가 마술을 부려놓은 듯했다.

부모님은 밀 농사도 지으셨다. 친구 집에 가서 놀다 보면 친구 어머니도 가끔 국수를 밀고 있었다. 신기하게도 우리 집 국수 반죽 색깔과 달랐다. 비교가 안 될 만큼 희고 고왔다. 그야말로 국수 반죽이 아기 볼처럼 보드랍고 예쁘게 보였다. 때깔이 좋으면 내용물이나 성분도 좋게 느껴졌다. 가을에 심은 밀은 긴 겨울을 견디고 봄이 되면 파릇파릇 새싹이 자라 푸른 물결을 이루었다. 초여름이면 누런 밀을 베어 타작했다. 아버지는 수확한 밀을 방앗간으로 지고 가셔서 곱게 빻아와 단지에 밀가루를 가득 채워 놓으셨다.

앞산에 곱게 물들었던 나무들이 겨울 채비할 무렵이었다. 어머니가 읍내에 있는 국숫집에 가셔서 기계국수를 뽑아 오시고 오래지 않아 바깥마당에 고모 초례청이 차려졌다. 이웃과 일가친척들이 모이고 잔치 분위기에 온 집안이 떠들썩했다. 부엌에서는 이웃 아주머니들까지 모여 부침개를 부치고 무쇠솥에 국수를 삶아 내느라 분주했다. 동그란 기계국수를 삶아 고명을 올리고 육수를 부어 손님상에 차려냈다. 떡, 부침개 등 잔치 음식과 함께 차려진 국수는 인기가 좋았다. 왁자하게 잔치가 끝나고 고모는 시댁으로 떠났다. 어릴 때부터 밭일하는 엄마와 할머니 대신 고모는 두 삼촌과 나를 돌보아 주었다. 놀다가 저지레라도 하게 되면 고모가 우리 대신 할아버지 꾸중을 감내해야 했다. 우리 옆에 언제고 있던 고모, 마루에서 늘 국수를 밀던 고모가 동그란 기계국수의 새로운 맛을 남기고 시집을 가셨다.

이듬해 같이 살던 작은엄마도 살림을 나가셨다. 이제 국수를 밀 사람은 밭에서 일하고 어둑어둑해져서 집에 오시는 어머니뿐이었다. 저녁 짓기에 늘 바빠 종종걸음치셨다. 어느 날 엄마를 기다리다 국수 반죽을 해 보았다. 늘 보아오던 일이지만 안반이나 홍두깨도 다루기 어려울 만큼 가녀린 몸으로 반죽을 치대고 국수를 민다는 게 만만치 않았다. "서당 개 삼 년이면 풍월을 읊는다더니 애가 국수를 다 해놔?" 할머니, 어머니는 놀라워하셨다. 폭풍 같은 어른들의 칭찬에 초등학교 육학년 여름방학 그해부터 저녁이면 종종 칼국수를 밀어야 했다.

"엄마, 오늘 저녁은 국수 말고 밥해 먹으면 안 돼?". 볼멘소릴 하면 어머니는 "할아버지가 국수를 좋아하시잖아. 국수는 김치하고 양념간장만 있으면 되는데 밥하려면 국이나 찌개도 끓여야 하고…." 어머니는 첫째 이유가 할아버지가 국수를 좋아하신다는 점을 강조하셨다. 선택의 여지가 없이 우리 집 저녁상은 십중팔구는 국수였다. 밀가루라도 친구네처럼 새

하야면 좋겠는데 농사지은 밀가루는 누르스름하며 연한 갈색을 띠었다. 국수 반죽을 할 때마다 밀가루가 마음에 들지 않아 혼자 투덜댔다. 종종 객식구 한 명쯤은 밥상에 같이 앉게 되는데 그런 날이면 왠지 그 국수가 까무잡잡하고 촌스러운 내 모습 같아 창피하기까지 했다.

거의 매일 저녁마다 먹는 국수가 싫었다. 아침이나 점심처럼 잡곡이 많이 섞이기는 했어도 밥을 먹고 싶었다. 삼촌들도 말은 안 하지만 좋아하지 않는 것 같았다. 그 무렵 이종사촌 오빠가 우리 집에서 중학교에 다니고 있었다. 오빠 또한 드러내 놓고 내색은 못 하지만 마뜩잖을 것이라 짐작했다. 이제 와서 국수를 못 한다고 생떼를 쓸 나이도 아니고 진퇴양난이었다.

이게 무슨 일일까. 우리 집 저녁상에 한동안 국수가 아닌 밥이 차려졌다. 처음엔 마냥 신났다. 국수 반죽하고 미는 일에서 해방되고 저녁밥 짓는 어머니 옆에서 잔심부름 정도 하면 되니 좋았다. 국수를 좋아하시는 할아버지가 감기를 지독하게 앓고 기운을 못 차리시어 국수도 밥도 제대로 드시지 못하셨다. 할아버지의 병환으로 온 집안에 어두움이 드리워졌다. 저녁이면 마루에 겸상 두 개, 큰 두레반과 다리가 있는 쟁반까지 여러 개 밥상에 가족들이 둘러앉아 하루 일들을 이야기하며 후루룩후루룩 국수를 먹던 날들하고 집안 온도가 달랐다.

 그해 겨울은 유난히 춥고 길었다. 아버지는 먼 동네까지 수소문해 오리를 구해오시고 어머니는 폐에 좋다는 온갖 약재를 넣어 삶고 때로는 쪄서 할아버지 상에 올려드렸다. 할아버지가 몸에 깃든 병을 이겨내고 기력을 회복하시는 데는 계절이 넉넉히 두 번은 바뀐 후였다. 그동안 할아버지 상에는 밥을 올리고 다른 식구들은 국수를 먹는 날도 종종 있었다. 어느 날 할아버지는 "나도 오늘은 국시 한 그릇 다오." 하시더니 국수 한 그릇을 다 드셨다. "손국시 한 그릇이 제일이지." 하셨다. 그 후 예전처럼 저녁상엔 국수가 당연시되었다.

 산촌에서 끓이는 국수는 담백하다. 멸치나 바지락이 들어간 육수를 구경하지 못하였으니 국수 국물에 감자 몇 개 썰어 넣고 애호박 하나 채 쳐서 넣으면 그만이다. 김치야 사시사철 텃밭에 나는 푸성귀로 겉절이를 버무리고 양념간장엔 봄이면 텃밭에 마늘잎 몇 잎 뜯어다 쫑쫑 썰어 넣고 여름엔 풋고추 다져 넣으면 국수 맛은 배가된다.

 할아버지도 국수가 정말 좋으셨을까. 그 시절 이웃에서는 끼니를 잇지 못하는 집들도 있었으며 학교에 점심 도시락을 못 가져오는 친구들도 있을 때이다. 할아버지와 어머니가 굳건히 저녁 한 끼를 국수로 밀어붙이지 않았다면 식구가 많은 우리 집에서 양식 걱정하지 않고 도시락을 꼬박꼬박 가지고 학교에 다닐 수 있었을까.

    삼촌들이나 동생들과 만나면 옛이야기를 하게 된다. 자연스레 국수 이야기는 양념처럼 빠지지 않는다. 그 시절엔 그토록 싫었던 국수가 지금은 담백하고 소박한 맛이라 좋다 한다. 마루 가득 가족들이 옹기종기 앉아 국수를 먹던 저녁 풍경이 그리운 날이다.

나는 오늘도 조연입니다

김순남 수필집

초판 발행 2025년 10월 30일

지은이 김순남
펴낸이 정연순
펴낸곳 나무향
주 소 서울 광진구 자양로 28길 34, 드림스페이스 501호
전 화 02-457-2815, 010-2337-2815
메 일 namuhyang2815@hanmail.net
저작권자 ⓒ2025 김순남
출판등록 제2017-000052호

가격 15,000원
ISBN 979-11-89052-09-6　03810

- 잘못 인쇄된 책은 바꾸어 드립니다
- 이 책은 저작권법에 따라 보호를 받는 저작물이므로 무단 전재와 복제를 금합니다.

이 책은 충청북도, 충북문화재단의 후원으로 문화예술육성지원사업의 일환으로 지원받아 발간되었습니다.